New 검도교본

SHIN · GI · TAI WO TUYOKUSURU KENDO RENSHU MENU 200
ⓒ IKEDA PUBLISHING CO., LTD., 2012
Originally published in Japan in 2012 by IKEDA PUBLISHING CO., LTD., TOKYO.
Korean translation rights arranged with IKEDA PUBLISHING CO., LTD., TOKYO,
through TOHAN CORPORATION, TOKYO, and BC AGENCY, SEOUL.

이 책의 한국어판 저작권은 BC 에이전시를 통한
저작권자와의 독점 계약으로 삼호미디어에 있습니다. 저작권법에 의해
한국 내에서 보호를 받는 저작물이므로 무단전재와 복제를 금합니다.

New Kumdo

New 검도교본

고다 구니히데·정성대 감수 | 이민영 옮김

기본을 반복하는 것이야말로
실력을 쌓는 지름길

'강해지고 싶다, 경기에서 이기고 싶다!'
이 책을 손에 든 여러분은 분명 검도 실력을 더욱 키우고 싶다는 바람이 강한 분들일 것이다. 강해지려면 무엇을 어떻게 해야 할까? 어쩌면 손쉬운 방법을 찾기 위해 이 책을 편 분도 있을지 모른다.
검도에서 '강해지는 것'과 '경기를 잘하는 것'은 결코 같은 의미가 아니다. 부디 여러분은 그저 경기를 잘하는 선수가 아니라 검도의 본질을 이해하는, 진정한 검도인이 되기를 바란다.
검도 실력을 향상시키는 지름길은 기본을 정확하게 반복하는 것이다. 기본을 반복해서 토대를 만들고, 검의 이치를 배우면 검도 실력은 반드시 향상된다. 그리고 평소에 성실히 수련하고 스스로 배우는 자세를 갖춘다면 훌륭한 검도인이 될 것이다. 뿐만 아니라 지도자 또한 열심히 지도하고 싶어질 것이다.

시작하면서

이 책에 실린 200종류의 연습 메뉴는 내가 오랜 세월에 걸쳐 익혀온 검도 실력을 향상시키는 포인트이다. 초보자나 숙련자 구별 없이 누구나 어디에서부터 읽어도 시도해 볼 수 있도록 여러 가지 유의점도 함께 기술해 두었다.

예로부터 검도에서는 좋은 스승을 만나는 것이 강해지는 비결이라고 했다. 이 책이 여러분의 좋은 스승이 된다면 그 이상 기쁜 일이 없을 것이다.

쓰쿠바대학 교수 · 교사 8단

고다 구니히데

이 책을 보는 법·활용하는 법

기·검·체 표시
'마음가짐', '기술', '몸놀림' 가운데 어떤 수련에 도움이 되는지를 나타낸다.

난이도 표시
연습 메뉴의 난이도를 나타낸다. '기본', '응용', '실전' 3단계로 나뉘어 있다.

메뉴 055 큰 머리치기

목적 몸을 크게 움직여 칼날을 바르게 한 뒤 기검체가 일치한 격자를 익힌다.

마음가짐 / 기술 / 몸놀림 — 기본 / 응용 / 실전

유의점
큰 머리치기를 할 때는 죽도를 쥔 왼손 아래로 상대의 몸 전체가 보일 때까지 죽도를 들어 올린다. 그러면 머리치기에 기세가 실린다. 바닥을 구르는 소리와 머리를 치는 소리가 일치하도록 하자.

유의점
연습 시에 유의할 점이나 포인트를 정리했다.

1 일족일도의 거리에서 자세를 취한다.

2 죽도를 머리 위까지 크게 들어 올린다.

3 오른발을 구르는 동시에 죽도로 상대의 머리를 친다.

간이 목차
연습 메뉴의 색인으로 이용한다.

사진과 설명
메뉴의 움직임을 사진과 문장으로 설명했다.

표시와 확대 사진
특히 주의해야 할 포인트는 ⊂⊃나 → 등의 표시나 확대 사진을 이용해서 강조했다.

주요 표시
- ──▶ : 죽도와 손끝의 움직임
- ---▶ : 몸의 움직임
- ----- : 몸의 위치와 형태
- |◀──▶| : 거리와 길이
- ◯ : 주목 포인트

056 작은 머리치기

목적 작은 동작으로 들어 올리기와 내려치기를 해서 실전에 가까운 머리치기를 연습한다.

연습 메뉴와 목적
연습의 목적과 내용을 말한다.

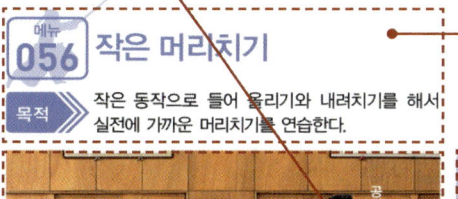

먼 거리에서 상대를 압박해 들어간다.

나쁜 예 죽도를 들어 올릴 때는 가능한 한 자세를 흐트러뜨리지 않도록 하자. 자세가 흐트러지면 상대방에게 공격에 나서는 자신의 의도를 들키게 된다. 특히 오른손을 앞으로 끌어당기듯이 들어 올리면 상대에게 격자의 기회를 줄 수 있으므로 주의하자.

나쁜 예
틀리기 쉽거나 자기도 모르게 취하게 되는 잘못된 행동의 예를 설명했다.

가능한 한 자세를 흐트러뜨리지 말고 죽도를 작게 들어 올린다.

손목의 스냅을 이용해 상대의 머리를 친다.

63

목차

시작하면서 4
이 책을 보는 법 · 활용하는 법 6

▶▶▶ 서장

예법

001 검도복의 올바른 착용법 14
002 호구의 올바른 착용법 14
003 정좌 15
004 좌례 15
005 입례 16
006 죽도와 호구의 올바른 위치 17
007 죽도와 호구를 올바르게 놓는 법 17
008 일어서는 법과 앉는 법 18
009 검도복(상의) 개는 법 19
010 검도복(하의) 개는 법 20

▶▶▶ 제1장

기본과 동작

011 자연체 22
012 멀리뛰기 요령으로
    격자 감각을 익힌다. 23
013 발 운용법 24
014 앞으로 밀어걷기 25
015 뒤로 밀어걷기 26
016 옆으로 밀어걷기 27
017 벌려걷기 28
018 방향을 바꿀 때의 발 운용법 29
019 보통걷기 30

020 이어걷기 31
021 죽도 파지법 ① - 왼손 32
022 죽도 파지법 ② - 오른손 32
023 죽도 파지법 ③ - 손 모양 33
024 죽도 파지법 ④ - 양손의 위치 33
025 복식호흡과 죽도 파지법의 관계 34
026 기본자세 ① 35
027 기본자세 ② - 왼손의 위치 36
028 중단세 37
029 상단세 38
030 하단세 38
031 팔상세 39
032 협세 39
033 중단세에서 앞으로 이동 40
034 중단세에서 옆으로 이동 41
035 제도 42
036 대도 42
037 앉은 자세 43
038 격자 부위 44
039 상하후리기 45
040 좌우후리기 46
041 정면치기 47
042 좌우 머리치기 48
043 한 박자 머리치기 49
044 빠른 동작 머리치기 50
045 벌려걷기를 이용한 허공치기 51
046 손목 허공치기 52
047 허리 허공치기 53
048 기마 자세로 허공치기 54

▶▶▶ 제2장

기본 기술

- 049 일족일도의 거리 56
- 050 먼 거리 57
- 051 가까운 거리 57
- 052 발구름 58
- 053 존심 59
- 054 머리치기 60
- 055 큰 머리치기 62
- 056 작은 머리치기 63
- 057 손목치기 64
- 058 큰 손목치기 66
- 059 작은 손목치기 67
- 060 허리치기 68
- 061 오른 허리치기 70
- 062 왼 허리치기 71
- 063 양손 찌름 72
- 064 한 손 찌름 74
- 065 몸받음 75
- 066 머리로 받는 연격 76
- 067 죽도로 받는 연격 77
- **Column** 검도 실력 향상을 위한
  칼럼 ① ② 78

▶▶▶ 제3장

공격 기술과 대응 기술

- 068 상대의 중심을 무너뜨리기 80
- 069 공격의 포인트 81
- 070 앞으로 들어가 머리치기 82
- 071 밑으로 돌려 안으로 헤쳐
  머리치기 84
- 072 위에서 손목치기 86
- 073 밑으로 손목치기 88
- 074 들어가 허리치기 90
- 075 정면 찌름 92
- 076 바깥 찌름 94
- 077 안 찌름 96
- 078 연속 기술의 포인트 98
- 079 손목-머리 연속 기술 99
- 080 머리-머리 연속 기술 100
- 081 손목-허리 연속 기술 101
- 082 머리-허리 연속 기술 102
- 083 손목-머리-허리의 3단 치기 ... 103
- 084 손목-머리-허리-머리의
  4단 치기 104
- 085 제치기 기술의 포인트 106
- 086 바깥 제쳐 머리치기 107
- 087 안 제쳐머리 108
- 088 제쳐손목 109
- 089 제쳐허리 110
- 090 제쳐찌름 111
- 091 어깨메어치기 기술의 포인트 .. 112
- 092 어깨메어 머리치기 113

목차

093 어깨메어 손목치기 114
094 어깨메어 허리치기 115
095 코등이싸움 116
096 코등이싸움에서 퇴격머리치기 117
097 상대의 힘을 이용한 퇴격머리치기 ... 118
098 퇴격손목치기 119
099 퇴격허리치기 120
100 선제공격 기술의 포인트 121
101 나오는 머리치기 122
102 나오는 손목치기 123
103 감는 기술의 포인트 124
104 감아올려 머리치기 125
105 감아 떨어뜨려 머리치기 126
106 감아올려 손목치기 127
107 대응하는 기술의 포인트 128
108 스쳐올려치기 기술의 포인트 129
109 머리스쳐올려 머리치기 130
110 손목스쳐올려 머리치기 131
111 손목스쳐올려 손목치기 132
112 찌름스쳐올려 머리치기 133
113 받아치는 기술의 포인트 134
114 머리받아 머리치기 135
115 머리받아 허리치기 136
116 손목받아 머리치기 137
117 비켜치기 기술의 포인트 138
118 우로 비켜 머리치기 139
119 한 발 빼서 비켜 머리치기 140
120 머리비켜 허리치기 141
121 손목비켜 머리치기 142
122 손목비켜 손목치기 143
123 죽도를 떨쳐내는 기술의 포인트 144

124 허리떨쳐 머리치기 145
125 손목떨쳐 머리치기 146
126 머리떨쳐 머리치기 147
127 상단 기술의 포인트 148
128 상단세에서 양손 머리치기 149
129 상단세에서 한 손 머리치기 150
130 상단세에서 양손 손목치기 151
131 상단세에서 한 손 손목치기 152
132 상단세에서 오른쪽 허리치기 153
133 상단세에서 왼쪽 허리치기 154

▶▶▶ 제4장

검도 수련법

134 죽도를 쥐지 않은 상태에서
    허공치기 156
135 하단세의 허공치기 157
136 무거운 목검으로 허공치기 158
137 가벼운 목검으로 허공치기 158
138 거울을 보며 허공치기 159
139 양손을 붙여 죽도 휘두르기 160
140 앉은 자세에서 걷기 161
141 앉은 자세에서 뛰어올라
    머리치기 162
142 죽도를 쥐지 않은 상태에서
    머리치기 163
143 제자리에서 뛰어올라 허공치기 164
144 연격의 포인트 165

145 어깨 · 팔꿈치 · 손목을 의식한
  연격... 166
146 걸음 폭을 넓게 한 연격........... 167
147 견갑골을 의식한 연격............. 168
148 기본 수련의 흐름................... 169
149 먼 거리에서 치는 연습........... 170
150 공세를 의식한 기본 연습....... 171
151 상대의 움직임을 유도하는
  기본 연습................................ 172
152 공격이 정확히 들어갈 때까지
  연속 공격................................ 173
153 약속 연습................................ 174
154 약속 연습
  받아주는 쪽의 포인트........... 175
155 약속 연습
  공격하는 쪽의 포인트........... 175
156 연공 연습................................ 176
157 연공 연습
  받아주는 쪽의 포인트........... 177
158 연공 연습
  공격하는 쪽의 포인트........... 177
159 상호 연습................................ 178
160 첫 칼을 중요시한다................ 179
161 맞는 것을 두려워하지 않는다.... 179
162 경기 연습................................ 180
163 선을 취하는 연습법................ 181
164 시간이 얼마 안 남았을 때
  한판을 따는 연습................... 182

▶▶▶ **제5장**

공략법

165 격자 기회............................... 184
166 상대의 공격을 유도하는 방법①.... 186
167 상대의 공격을 유도하는 방법②.... 187
168 상대를 동요하게 만드는 방법①.... 188
169 상대를 동요하게 만드는 방법②.... 189
170 칼끝이 높은 상대에게
  한판을 따는 법①................... 190
171 칼끝이 높은 상대에게
  한판을 따는 법②................... 191
172 칼끝이 낮은 상대에게
  한판을 따는 법①................... 192
173 칼끝이 낮은 상대에게
  한판을 따는 법②................... 193
174 칼끝이 열린 상대에게
  한판을 따는 법①................... 194
175 칼끝이 열린 상대에게
  한판을 따는 법②................... 195
176 압박해 들어가면 칼끝이 올라가는
  상대에게 한판을 따는 법....... 196
177 압박해 들어가면 칼끝이 내려가는
  상대에게 한판을 따는 법....... 197
178 손에 힘이 들어간 상대에게
  한판을 따는 법①................... 198
179 손에 힘이 들어간 상대에게
  한판을 따는 법②................... 199
180 손이 부드러운 상대에게
  한판을 따는 법①................... 200

목차

181 손이 부드러운 상대에게
한판을 따는 법② 201
182 발 폭이 넓은 상대에게
한판을 따는 법 202
183 발 폭이 좁은 상대에게
한판을 따는 법 203
184 상단 대응기① 204
185 상단 대응기② 205
186 상단 대응기③ 206
187 상단 대응기④ 207
Column 검도 실력 향상을 위한
칼럼 ③ ④ 208

▶▶▶ 제6장

트레이닝

188 몸통을 단련하는 법① 210
189 몸통을 단련하는 법② 211
190 상반신을 단련하는 법① 212
191 상반신을 단련하는 법② 213
192 하반신을 단련하는 법① 214
193 하반신을 단련하는 법② 215
194 하반신을 단련하는 법③ 216
195 하반신을 단련하는 법④ 217
196 균형감을 키우는 법 218
197 순발력을 키우는 법 219
198 전완부 스트레칭 220
199 아킬레스건 스트레칭 221
200 셀프 마사지 222

▶▶▶ 제7장

경기 규칙

죽도의 명칭 224
호구의 명칭 225
경기 규칙 226
유효격자 226
경기장 227
금지 행위와 반칙 228
코등이싸움의 반칙 232
칭호와 단 233

검도 용어 234
마치면서 238

서장

예법

'검도는 예의로 시작해 예의로 끝난다'라는 말이 있을 정도로 예의범절을 중요시한다. 그것은 검도가 격투기라는 점에서 긴장을 늦추지 않는 신중한 행동과 거동을 요구하기 때문이다. 올바른 검도 예법을 익혀 정신과 마음을 건강하게 하자.

검도복의 올바른 착용법

목적 ▶ 검도복을 올바르게 착용하여 긴장된 마음가짐으로 수련에 임한다.

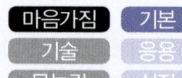

정면

옆

하의 앞부분

📝 **유의점**

하의는 옆에서 봤을 때 앞쪽이 뒤쪽보다 살짝 내려가게 입어야 모양새가 좋다. 또한 하의의 주름은 구겨지지 않도록 반듯하게 잡아 놓는다.

| 가슴을 잘 여미고 끈이 풀리지 않도록 한다.

| 목과 옷깃 사이가 벌어지거나 등이 부풀어 올라오지 않도록 한다.

호구의 올바른 착용법

목적 ▶ 수련 중에 끈이 풀리지 않도록 하고 안전을 확보한다.

정면

뒤

📝 **유의점**

호구는 자신의 몸에 맞는 것을 착용하자. 끈이 늘어지거나 풀리면 예기치 않은 부상을 입을 수 있으므로 단단히 묶는다.

| 갑은 좌우 끈의 길이를 맞추고 수평이 되도록 한다.

| 갑 끈은 매듭지은 끈의 양 끝이 평행이 되도록 리본 모양으로 묶는다.

003 정좌 正坐

목적 자세를 바르게 하여 평온한 마음가짐으로 앉는다.

정면 / **옆**

📝 **유의점**

양발을 가지런히 모으고 발꿈치 위에 앉는다. 양 무릎을 약간 벌리고 앉으면 자세에 여유가 생긴다.

| 어깨의 힘을 뺀 상태에서 자연스럽게 앉고, 양손은 손가락을 가지런히 모아 허벅지 위에 올려놓는다.

| 등을 쭉 펴고 턱을 가볍게 당겨 앞을 바라본다.

004 좌례 座禮

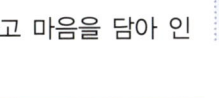

목적 윗사람이나 상대방에게 경의를 표하고 마음을 담아 인사한다.

1 올바른 자세로 무릎을 꿇고 앉는다.

2 양손을 동시에 바닥에 댄다.

3 팔꿈치를 굽히면서 조용히 머리를 숙인다.

4 한 호흡 뒤에 본래 자세로 돌아간다.

📝 **유의점**

인사를 할 때는 엉덩이를 들지 않도록 주의한다. 양손을 바닥에 대었을 때 생긴 삼각형의 중앙에 코끝이 향하도록 하면 올바른 자세로 인사할 수 있다.

입례 立禮

목적 ▶ 상대에 따라 두 종류의 예법을 나눠 사용한다.

유의점
양손을 몸 옆에 자연스럽게 붙인다. 두 가지 예법 모두 등을 구부리지 말고 허리에서 상체를 기울이고 한 호흡이 지난 후 조용히 본래 자리로 돌아간다.

상호 간의 예

약 15도

▍어깨의 힘을 빼고 자연스럽게 선다.

▍상대에게 시선을 고정한 채 상체를 약 15도 기울여 인사한다.

윗사람에 대한 예

약 30도

▍어깨의 힘을 빼고 자연스럽게 선다.

▍상체를 약 30도 기울여 인사한다.

006 죽도와 호구의 올바른 위치

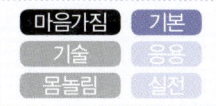

목적 ▶ 죽도와 호구를 올바르게 잡고 위치한다.

유의점

죽도와 호구를 들고 운반하는 방법에는 몇 가지가 있다. 올바른 방법을 알아두면 도장이나 경기장에서도 예의 있게 행동할 수 있다.

정면

호면 안에 호완을 넣어 오른쪽 옆구리에 끼고 죽도는 왼손에 든다.

옆

죽도는 칼끝이 아래쪽을 향하도록 한다.

007 죽도와 호구를 올바르게 놓는 법

목적 ▶ 죽도와 호구를 놓는 올바른 위치를 익힌다.

유의점

호완은 호완머리가 바깥쪽을 향하도록 해서 가지런히 놓는다. 호면은 면금을 아래로 해서 호완 위에 안정되게 놓는다. 죽도는 굴러 움직이지 않도록 주의한다.

정면

호완을 오른쪽 무릎 바깥의 앞에 두고, 그 위에 호면을 올려놓는다. 죽도는 자신의 왼쪽에 놓는다.

옆

죽도의 코등이를 무릎 위치와 가지런히 맞추고 면수건은 접어서 호면 안에 넣는다.

008 일어서는 법과 앉는 법

목적 ▶ 앉고, 일어서는 올바른 자세를 익힌다.

앉는 법

▌시선을 고정한 상태에서 동작을 한다.

▌왼발을 반보 뒤로 움직여 무릎을 꿇는다.

▌오른쪽 무릎을 꿇고 올바른 자세로 앉는다.

서는 법

▌올바른 자세로 무릎을 꿇고 앉는다.

▌오른발을 반보 앞으로 내밀고 허리를 든다.

▌자연스럽게 일어선다.

📝 유의점

앉을 때는 왼발부터, 설 때는 오른발부터 움직이는 것이 일반적인 방법이다. 앉을 때와 설 때 모두 바닥에 손을 짚지 않도록 한다.

 ## 검도복(상의) 개는 법

목적 도복에 대한 애착심을 갖고 정성껏 다룬다.

1 검도복(상의)을 좌우 겨드랑이 부분의 솔기를 맞춰 펼친다.

2 왼쪽 소매를 안쪽으로 접어 상의 중앙 부분에 겹친다.

3 왼쪽 소매를 바깥쪽 선에 맞춰 되접는다.

4 마찬가지로 오른쪽 소매를 안쪽으로 접어 상의 중앙 부분까지 겹친다.

6 옷자락부터 균등한 길이로 세 번 접어 올린다.

5 오른쪽 소매를 바깥쪽 선에 맞춰 되접는다.

7 완성

# 010 검도복(하의) 개는 법

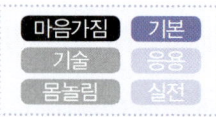

목적 하의에 구김이 생기지 않도록 정성껏 다룬다.

1 뒷부분의 주름이 구겨지지 않도록 펴서 앞뒤를 겹치고 옷자락은 가지런히 정돈한다.

2 바지가 앞을 향하도록 놓은 다음 다섯 개의 주름을 곧게 펴서 가지런히 놓는다.

3 양옆을 안쪽으로 접는다.

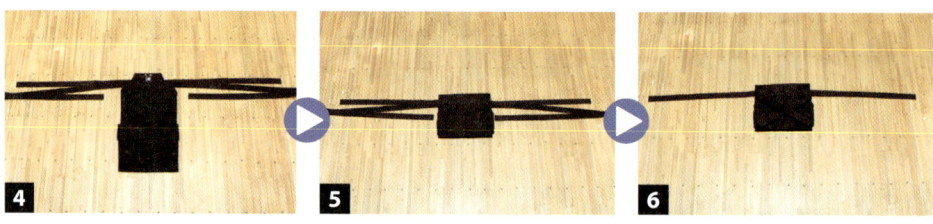

4 옷자락부터 균등한 길이로 세 번 접어 올린다.

5 모양이 흐트러지지 않도록 해서 뒤집는다.

6 앞쪽의 양 끈은 각각 네 번 접은 후 바지 앞에 교차시켜 놓는다.

7 뒤쪽의 오른쪽 끈을 앞 끈의 위에서 아래로 통과시킨다.

8 마찬가지로 뒤쪽의 왼쪽 끈을 앞 끈의 위에서 아래로 통과시킨다.

9 뒤쪽의 오른쪽 끈을 구부려 앞 끈의 밑동 부분을 지나가도록 한다.

10 마찬가지로 뒤쪽의 왼쪽 끈을 구부려 앞 끈의 밑동 부분을 지나가도록 한다.

11 좌우의 뒤 끈을 앞 끈 안쪽으로 통과시킨다.

12 남은 뒤 끈을 되접어 완성한다.

제1장

기본과 동작

검도에서의 기본동작은 격자 기술을 습득하는 데 반드시 필요한 요소이다. 압박하기, 치기, 찌름, 받아내기 등의 기술로 발전하므로 늘 반복연습에 힘써 검도를 올바르게 습득하자.

자연체 自然體

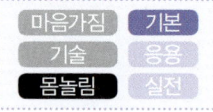

목적 어깨를 풀어줌으로써 어깨의 힘을 빼고 자연체의 감각을 익힌다.

정면

어깨의 힘을 빼고 자연스럽게 선다.

옆

등을 곧게 펴고 등이 굽어지지 않도록 한다.

나쁜 예 어깨에 힘이 들어가면 등이 굽어지고 시선도 아래를 향하게 된다. 올바른 자세를 유지하려면 등을 곧게 펴고, 시선은 상대를 응시해야 한다.

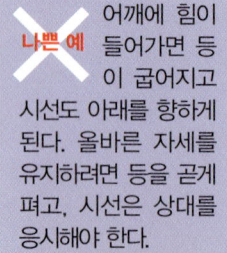

1 양손을 들어 올린다.

2 어깨 견갑골을 모은다.

3 어깨를 크게 돌린다.

메뉴 012 멀리뛰기 요령으로 격자 감각을 익힌다

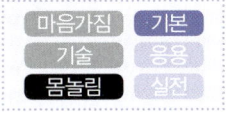

목적 죽도를 잡지 않은 상태에서 격자하는 모습을 떠올리며 수련하면 자연체의 몸놀림으로 죽도를 휘두를 수 있게 된다.

 유의점

검도를 시작해서 죽도를 잡은 지 얼마 안 된 사람은 아무래도 몸에 불필요한 힘이 들어가게 된다. 죽도를 잡지 않은 상태에서 격자하는 모습을 떠올리며 수련하면 힘을 뺀 격자 동작의 감각을 익힐 수 있다.

1 죽도를 잡지 않은 상태에서 손을 내리고 자세를 취한다.

2 허리를 앞으로 내미는 듯한 기분으로 양손을 크게 뒤로 젖힌다.

3 멀리뛰기 요령으로 양손을 앞으로 움직이면서 힘차게 발을 내딛는다.

4 양손을 머리 위로 들고 왼발을 끌어당긴다.

 발 운용법

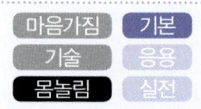

목적 발의 위치를 올바르게 하여 언제든지 발을 움직일 수 있는 준비를 한다.

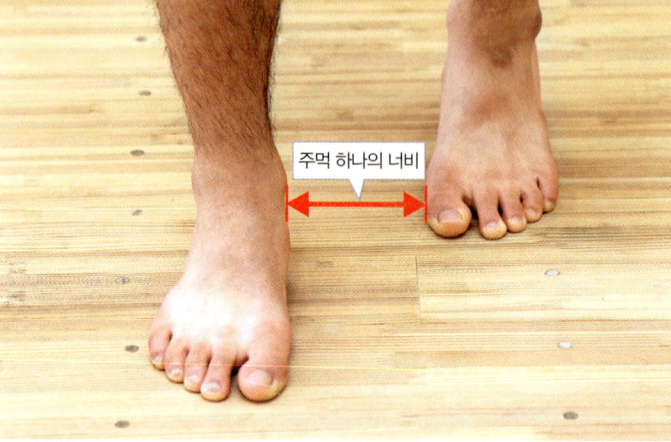

주먹 하나의 너비

▎주먹 하나가 들어갈 만큼 양발을 벌린다.

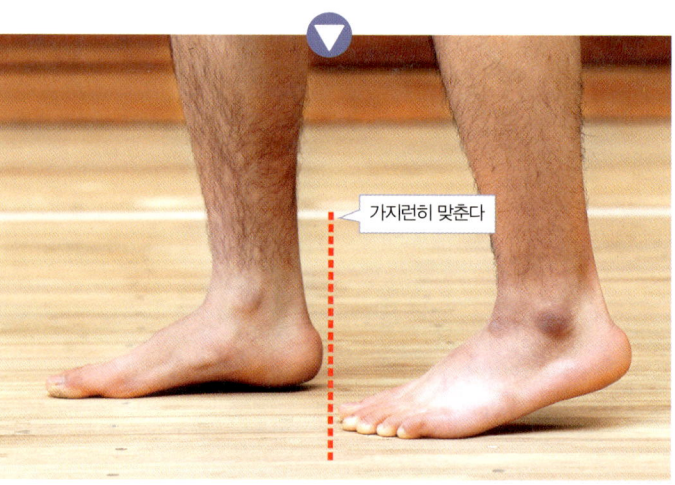

가지런히 맞춘다

▎왼발 발부리를 오른발 뒤꿈치 선에 맞춘다. 왼발 뒤꿈치를 살짝 들어 올린다.

 나쁜 예

발의 위치는 검도의 토대가 될 만큼 매우 중요하다. 좌우 간격이 넓거나(아래❶), 좁거나(아래❷), 왼발이 바깥쪽을 향하거나(아래❸), 왼발의 뒤꿈치를 너무 들어 올린 자세(아래❹) 등은 원활한 발놀림을 할 수 없으므로 주의한다.

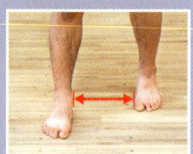

❶ 너무 넓다.

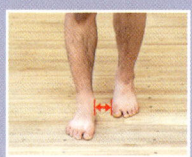

❷ 너무 좁다.

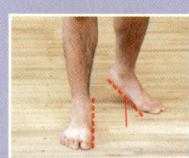

❸ 왼발이 틀어져 있다.

❹ 너무 들어 올렸다.

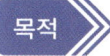
앞으로 밀어걷기

목적 > 밀어걷기를 익혀 검도의 기본적인 움직임을 이해한다.

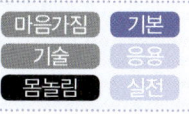

유의점

허리의 위치를 의식하고 수평으로 움직이도록 유의한다. 발을 미끄러지듯 움직이면 몸이 상하로 움직이는 것을 줄일 수 있다.

나쁜 예 발을 앞으로 내딛을 때는 몸이 앞으로 기울지 않도록 주의하자. 몸이 앞으로 기울면 갑작스러운 움직임에 대응할 수 없어 상대에게 허점을 드러내게 된다.

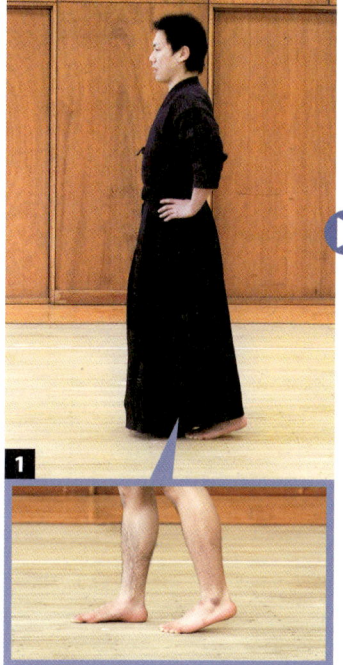

1 양손을 허리에 대고 자세를 취한다.

2 오른발을 미끄러지듯 크게 내딛는다.

3 왼발을 빠르게 끌어당긴다.

015 뒤로 밀어걷기

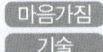 

목적 뒤로 물러설 때도 왼발과 오른발을 빠르게 움직여 항상 올바른 자세를 유지한다.

유의점

앞으로 밀어걷기와 마찬가지로 허리의 위치를 의식하면서 수평하게 움직이도록 유의한다. 왼발을 뒤쪽으로 내딛을 때는 자세가 흐트러지기 쉬우므로 주의가 필요하다.

나쁜 예 ✗ 수평 이동에 유의하지 않으면 왼발은 뒤로 움직였는데 몸은 그대로 남아 있는 현상이 일어나기 쉽다. 발을 움직일 때는 몸 전체가 함께 움직이도록 하자.

1 양손을 허리에 대고 자세를 취한다.

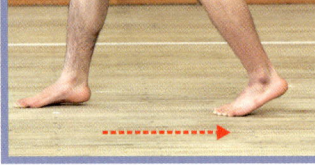

2 왼발을 미끄러지듯 뒤쪽으로 내딛는다.

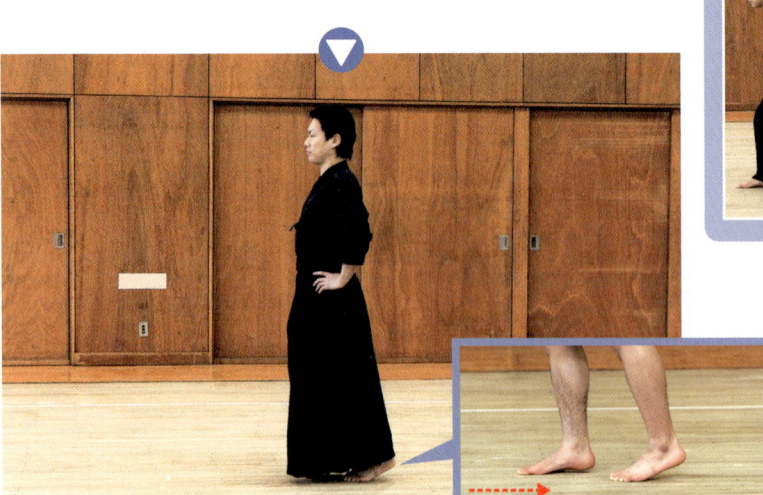

3 오른발을 빠르게 끌어당긴다.

옆으로 밀어걷기

목적 앞뒤로 밀어걷기와 함께 익히면 전후좌우로 빠르게 움직일 수 있다.

유의점

검도의 기본 움직임은 앞뒤로 이동하는 것이지만 옆으로도 움직일 수 있으면 움직임의 폭이 커진다. 앞으로 밀어걷기나 뒤로 밀어걷기와 마찬가지로 수평 이동에 유의하자.

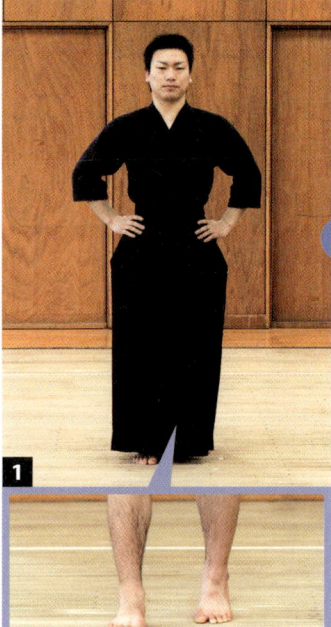

1 양손을 허리에 대고 자세를 취한다.

2 움직이려는 방향의 발을 미끄러지듯 옆으로 내딛는다.

 나쁜 예 몸의 축이 흔들리면 상대의 허점이 보였을 때 곧바로 공격을 펼치기 힘들다. 그러므로 몸을 움직일 때는 항상 등을 곧게 편다.

3 다른 쪽 발을 끌어당긴다.

017 벌려걷기

목적: 360도 자유롭게 움직일 수 있도록 비껴서 움직이는 발놀림을 익힌다.

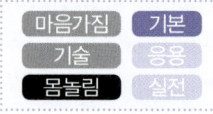

1 양손을 허리에 대고 자세를 취한다.

2 오른발을 오른쪽 앞으로 비껴 내딛는다.

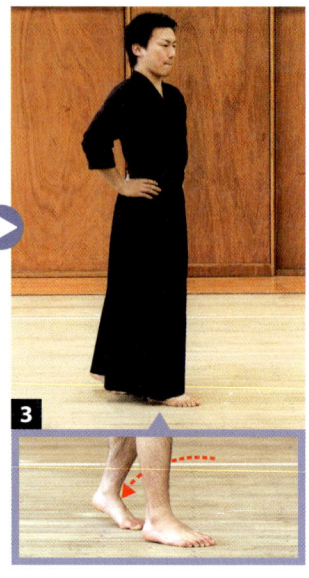

3 왼발을 빠르게 끌어당긴다.

유의점

비껴걷기로 몸을 이동한 후에는 반드시 상대와 정면으로 마주 보며 양발의 발부리는 항상 상대를 향하도록 하자.

4 왼발을 앞으로 비껴 내딛는다.

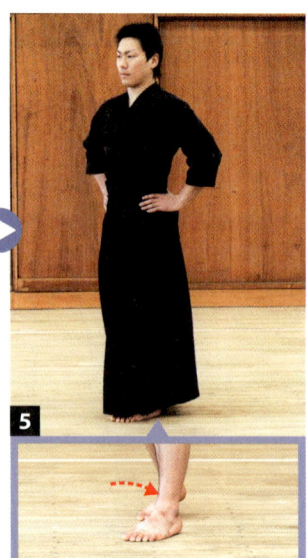

5 오른발을 빠르게 왼발 뒤쪽으로 끌어당긴다.

방향을 바꿀 때의 발 운용법

목적 ▶ 격자 후에도 방심하지 말고 빠르게 되돌아 상대와 마주 본다.

1 오른발을 크게 내딛는다.

2 왼발을 빠르게 끌어당긴다.

3 상대로부터 충분히 거리를 둔 곳에서 자세를 바꾼다.

유의점

방향을 바꿀 때는 오른발을 축으로 해서 빠르게 돌아선다. 쫓아온 상대에게 격자를 허용하지 않도록 가능한 한 자세를 흐트러뜨리지 않도록 하자.

4 오른발을 축으로 해서 되돌아선다.

5 기본자세로 돌아간다.

019 보통걷기

목적 〉〉 보통걷기로 먼 거리에서 상대와의 거리를 빠르게 좁힌다.

1 양손을 허리에 대고 자세를 취한다.

2 왼발을 크게 내딛는다.

3 오른발을 앞으로 보낸다.

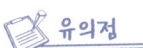
유의점

보통걷기는 평소의 보행법과 동일하게 발을 움직여야 한다. 자세가 흐트러지는 것을 막기 위해 전부 밀어걷기로 걷는다.

4 오른발을 그대로 앞으로 내딛는다.

5 왼발을 빠르게 끌어당긴다.

020 이어걷기

목적 이어걷기로 밀어걷기보다 멀리까지 이동할 수 있다.

유의점

왼발을 이어걷기 하는 순간에는 중심이 매우 불안정해진다. 왼발을 이어걷기 했으면 틈을 두지 말고 곧바로 오른발을 내딛자.

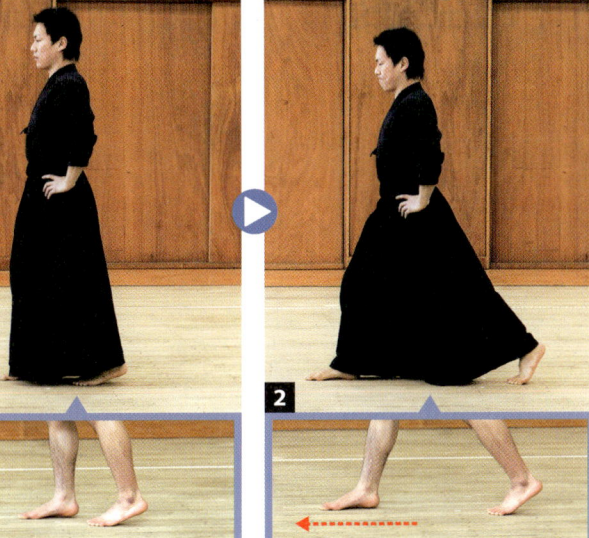

1 양손을 허리에 대고 자세를 취한다.

2 오른발을 미끄러지듯 크게 내딛는다.

3 왼발의 발부리를 오른발의 발부리 가까이까지 끌어당긴다.

4 오른발을 크게 내딛는다.

죽도 파지법 ① - 왼손

목적 죽도를 잡을 때 왼손의 올바른 모양을 익혀 죽도를 자유자재로 움직인다.

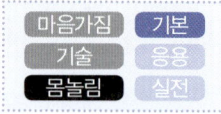

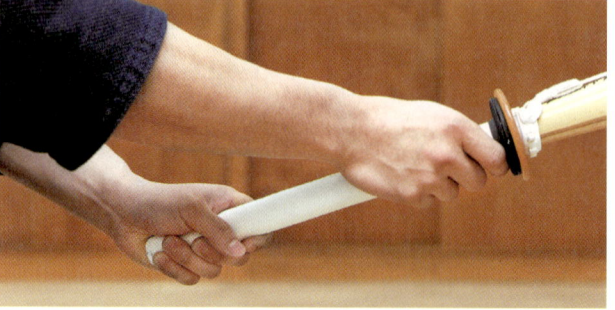

나쁜 예 죽도 손잡이 끝이 손 밖으로 나가면 상대의 공격을 받았을 때 죽도를 떨어뜨릴 가능성이 있다. 왼손으로 죽도 손잡이를 감싸듯이 쥐자.

▌왼손은 죽도 손잡이 끝이 손 밖으로 보이지 않도록 새끼손가락, 약지, 중지로 단단히 잡는다.

유의점

죽도를 잡는 올바른 방법은 왼손으로 죽도를 우산 잡을 때처럼 쥐는 것이다. 왼손의 사용은 죽도를 조작하는 데 매우 중요하므로 올바르게 잡았는지 항상 확인하자.

죽도 파지법 ② - 오른손

목적 죽도를 잡을 때 오른손의 올바른 모양을 익혀 죽도를 자유자재로 움직인다.

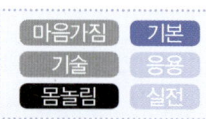

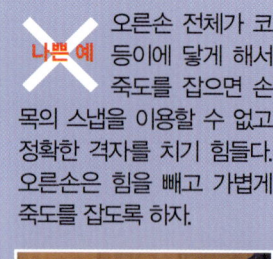

나쁜 예 오른손 전체가 코등이에 닿게 해서 죽도를 잡으면 손목의 스냅을 이용할 수 없고 정확한 격자를 치기 힘들다. 오른손은 힘을 빼고 가볍게 죽도를 잡도록 하자.

▌검지가 코등이에 닿을 정도의 위치에서 오른손으로 죽도를 가볍게 잡는다.

유의점

오른손은 죽도 조작에서 키잡이와 같은 역할을 한다. 오른손에 힘이 들어가면 죽도의 움직임도 직선적이고 경직되므로 가능한 한 가볍게 달걀을 쥔 듯한 느낌으로 죽도를 잡자.

죽도 파지법③-손 모양

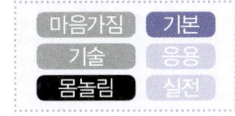

목적 죽도를 잡는 듯한 이미지트레이닝을 통해 죽도를 올바르게 잡을 수 있다.

1 물을 떠올리는 것처럼 손을 앞으로 내민다.

2 양 손바닥을 모은다.

3 모은 양손을 앞뒤로 엇갈리게 한다.

유의점

배꼽에서 주먹 하나 정도 떨어진 위치에 왼손을 두면 죽도를 잡는 올바른 자세가 된다.

죽도 파지법④-양손의 위치

목적 양손으로 죽도를 올바르게 잡으면 죽도를 부드럽게 움직일 수 있다.

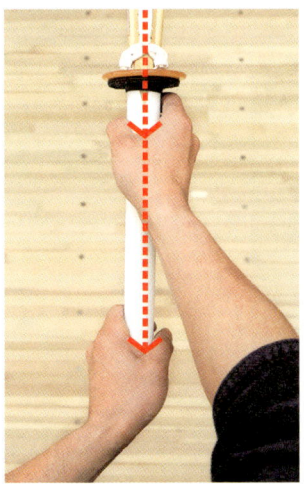

죽도를 들어 올리거나 내려칠 때 지장이 없도록 양손을 모아서 잡는다.

유의점

죽도를 잡은 모습을 위에서 봤을 때 죽도의 중심선이 양손의 엄지와 검지 사이에 오면 올바르게 잡은 것이다.

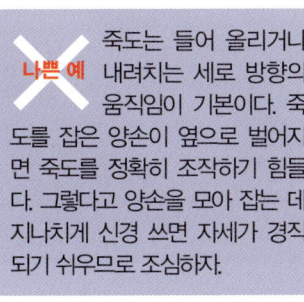

나쁜 예 죽도는 들어 올리거나 내려치는 세로 방향의 움직임이 기본이다. 죽도를 잡은 양손이 옆으로 벌어지면 죽도를 정확히 조작하기 힘들다. 그렇다고 양손을 모아 잡는 데 지나치게 신경 쓰면 자세가 경직되기 쉬우므로 조심하자.

025 복식호흡과 죽도 파지법의 관계

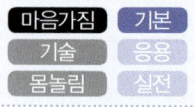

목적 복식호흡과 죽도 파지법의 관계를 알고 파지법의 중요성을 이해한다.

유의점

검도를 할 때는 복식호흡을 하는 것이 좋다. 새끼손가락, 약지, 중지의 세 손가락으로 죽도를 쥐는 이유를 이해하면 죽도를 올바르게 잡을 수 있다.

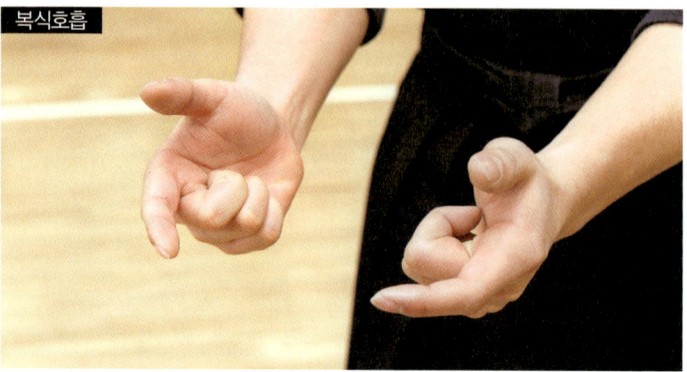

▎새끼손가락, 약지, 중지에 힘을 주고 호흡하면 복식호흡이 된다.

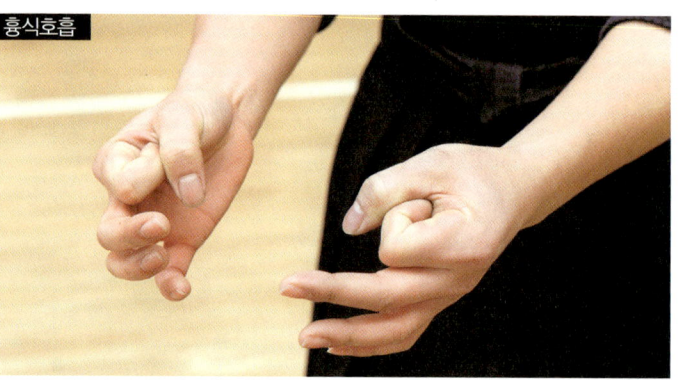

▎엄지와 검지에 힘을 주고 호흡하면 흉식호흡이 된다.

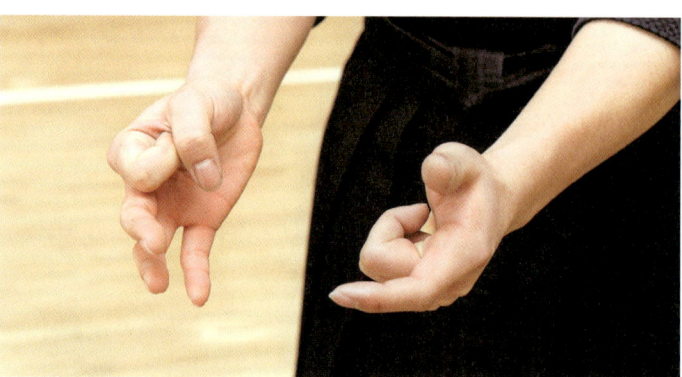

▎양손에 힘을 주는 손가락이 바뀌면 호흡의 균형이 깨진다.

026 기본자세 ①

목적 왼손과 칼끝의 위치를 확인하고 빈틈없는 자세를 취한다.

마음가짐	**기본**
기술	응용
몸놀림	실전

유의점

기본자세를 취할 때는 상대의 일부분이 아니라 전체를 바라본다. 그러면 상대방의 움직임을 빠르게 알 수 있다.

왼손을 몸의 중심에 두고, 칼끝은 상대의 왼쪽 눈 또는 미간을 겨냥하도록 한다.

왼손은 배꼽에서 주먹 하나 정도 떨어진 거리에 두고 몸 중심에 무게중심을 둔다.

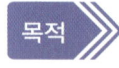

메뉴 027 기본자세②-왼손의 위치

마음가짐 | 기본
기술 | 응용
몸놀림 | 실전

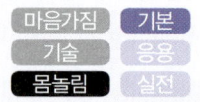

목적 왼손의 위치가 올바르면 더욱 안정된 자세를 취할 수 있다.

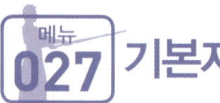

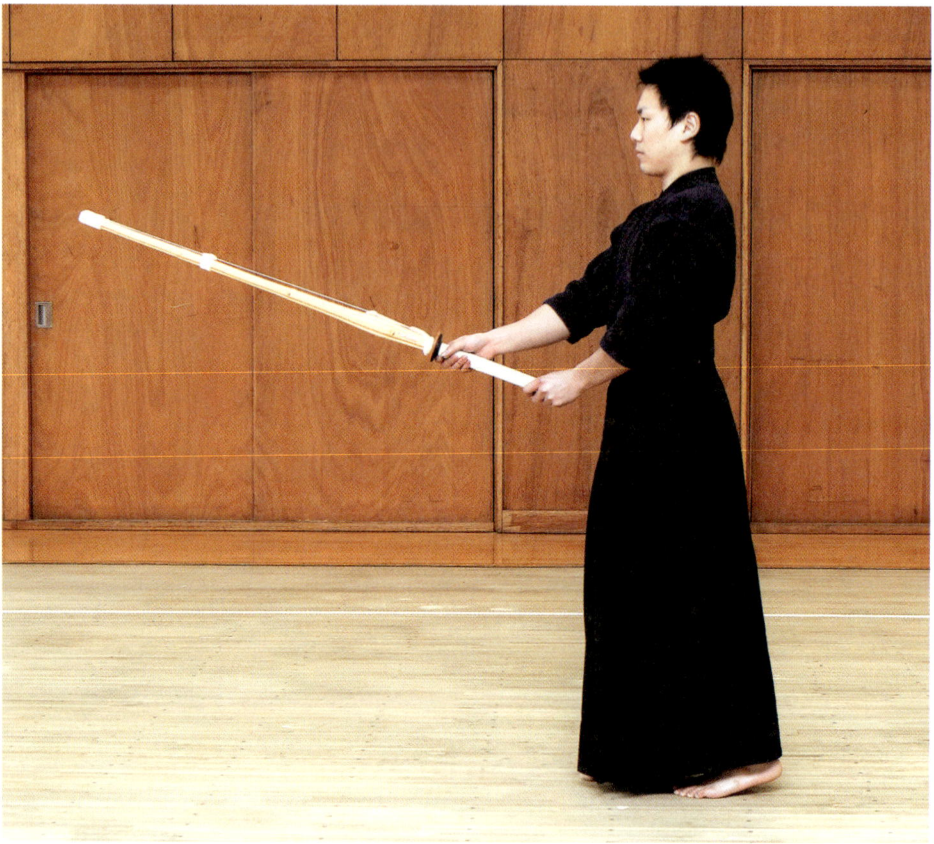

왼손은 배꼽에서 주먹 하나 정도 떨어진 거리에 둔다.

나쁜 예 왼손의 위치가 나쁘면 자세가 불안정해진다. 왼손의 위치가 낮으면 칼끝이 올라가고(왼쪽), 왼손의 위치가 높으면 칼자루가 느슨해진다(가운데). 왼손이 배꼽에서 너무 멀리 있으면(오른쪽) 자세가 경직되므로 주의하자.

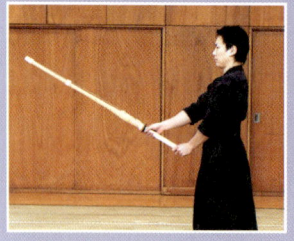

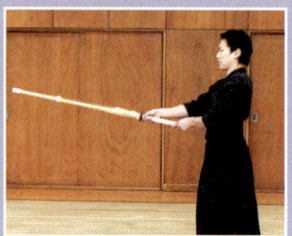

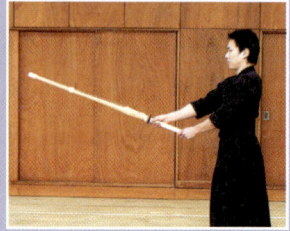

메뉴 028

중단세 中段勢

마음가짐 | 기본 | 기술 | 응용 | 몸놀림 | 실전

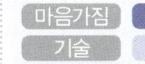

목적 모든 자세의 기초가 되는 중단세를 익힌다.

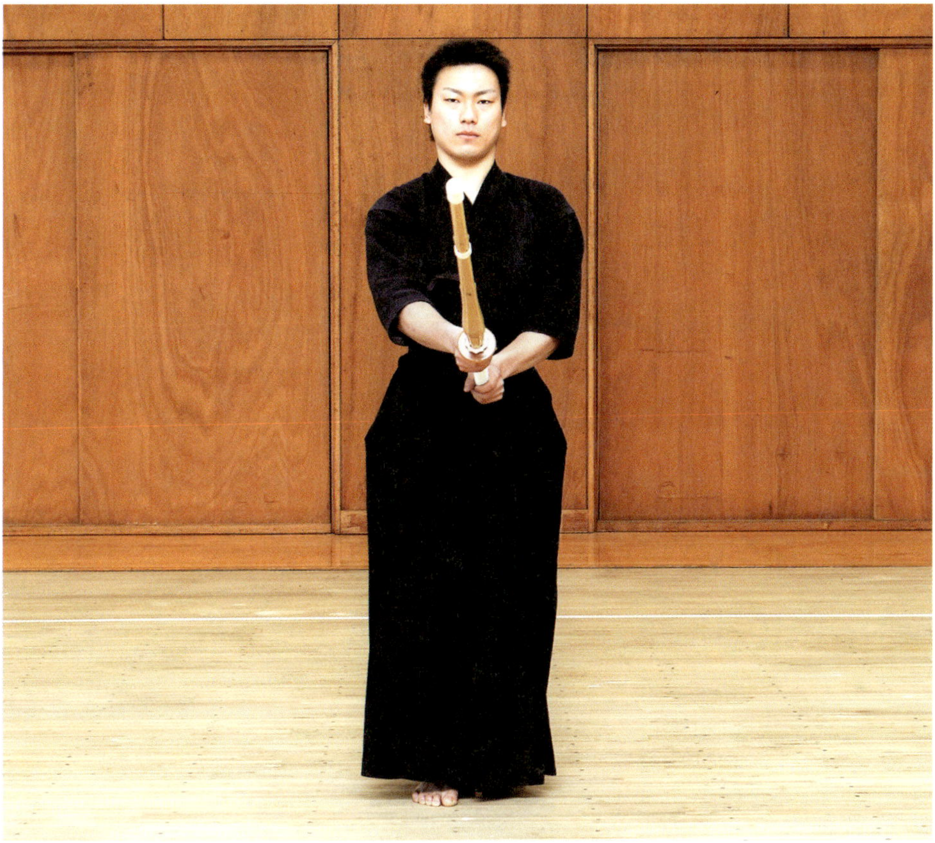

중단세는 '공방 일치의 자세'라고도 말하며 가장 널리 쓰이는 자세이다.

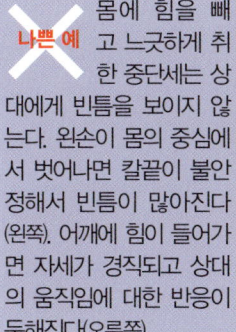

나쁜 예 몸에 힘을 빼고 느긋하게 취한 중단세는 상대에게 빈틈을 보이지 않는다. 왼손이 몸의 중심에서 벗어나면 칼끝이 불안정해서 빈틈이 많아진다(왼쪽). 어깨에 힘이 들어가면 자세가 경직되고 상대의 움직임에 대한 반응이 둔해진다(오른쪽).

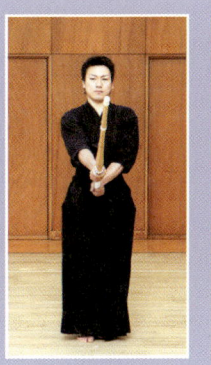

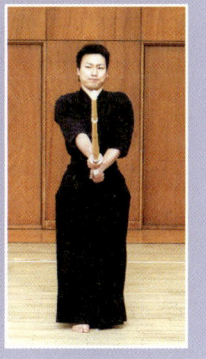

유의점

현대검도에서는 거의 대부분의 검사가 중단세를 사용하고 있다. 중단세는 공격과 방어에 적절한 모든 자세의 기본이다.

029 상단세 上段勢

목적 〉 공격적인 자세인 상단세를 익힌다.

좌상단의 자세 – 왼발을 앞으로 내밀고 자세를 취한다.

우상단의 자세 – 오른발을 앞으로 내밀고 자세를 취한다.

유의점
상단세는 '불의 자세'라고도 말하는 공격적인 자세이다. 자세를 취할 때는 상대의 공격에 동요하지 않도록 마음을 굳건하게 하자.

030 하단세 下段勢

목적 〉 수비적인 자세인 하단세를 익힌다.

칼끝을 상대의 무릎 아래까지 내려서 자세를 취한다.

유의점
하단세는 방어 자세이기도 하다. 칼끝을 내려 자신의 몸을 지키면서 상대의 변화에 대응하여 공격 기회를 모색한다.

031 팔상세 八相勢

> 마음가짐 | 기본
> 기술 | 응용
> 몸놀림 | 실전

목적 ▶ 다섯 가지의 대적세를 토대로 팔상세의 특징을 알아둔다.

유의점

좌상단의 변형이라고도 할 수 있는 자세이다. 먼저 공격을 펼치지 않고 상대의 움직임을 관찰하며 상대의 움직임에 대응해 공격에 나서는 자세이다.

좌상단의 자세에서 오른손을 오른쪽 어깨 부근까지 내리고 코등이를 입의 높이에 둔 채 자세를 취한다.

032 협세 脇勢

> 마음가짐 | 기본
> 기술 | 응용
> 몸놀림 | 실전

목적 ▶ 다섯 가지의 대적세를 토대로 협세의 특징을 알아둔다.

유의점

상대에게 자신의 죽도가 보이지 않도록 함으로써 상대의 움직임에 임기응변으로 대응할 수 있는 매우 공격적인 자세이다.

오른발을 뒤로 빼고 몸을 오른쪽으로 비튼 상태에서 죽도를 오른쪽 허리에 대고 칼끝을 뒤로 해서 자세를 취한다.

 ## 중단세에서 앞으로 이동

 죽도 파지법과 복식호흡의 관계를 알고 파지법의 중요성을 이해한다.

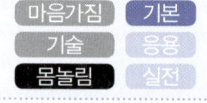

몸을 움직일 때 머리가 흔들리지 않도록 하며 수평 이동해야 한다. 수평으로 이동할 수 있게 되면 기술을 펼치기가 쉽다.

 오른발을 내딛을 때 왼손의 위치가 바뀌면 격자로 연결할 수 없다. 특히 죽도가 앞으로 나가 버리는 경우가 많으므로, 왼손은 항상 바른 위치를 유지하도록 하자.

■ 중단세를 취한다.

■ 오른발을 한 발 앞으로 밀어 걷는다.

■ 왼발을 빠르게 끌어당겨 중단세로 돌아간다.

 ## 중단세에서 옆으로 이동

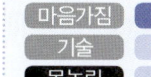

 올바른 자세를 유지하면서 빠르게 옆으로 이동한다.

1 중단세를 취한다.

2 이동하려는 방향의 발을 옆으로 움직인다.

3 다른 한쪽 발을 빠르게 끌어당겨 중단세로 돌아간다.

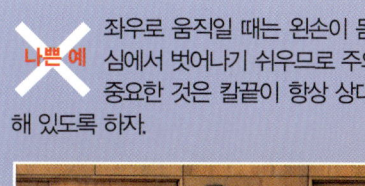

❌ **나쁜 예** 좌우로 움직일 때는 왼손이 몸의 중심에서 벗어나기 쉬우므로 주의하자. 중요한 것은 칼끝이 항상 상대를 향해 있도록 하자.

035 제도 提刀, 든칼

목적 연습이나 경기에서 필요한 든칼을 익힌다.

정면

옆

| 왼손에 죽도를 잡고 오른손은 자연스럽게 몸에 붙인다. | 죽도의 등줄을 아래로 향하여 자연스럽게 내린다. |

나쁜 예 죽도를 자연스럽게 아래로 향하면 칼끝도 아래를 향한다. 몸에 불필요한 힘이 들어가면 칼끝이 평행이 되거나 올라가 버린다.

036 대도 帶刀, 허리칼

목적 연습이나 경기에서 필요한 허리칼을 익힌다.

정면

옆

| 왼손을 허리에 대고 칼자루가 몸 중심선 위에 오도록 한다. | 칼끝이 아래를 향하도록 한다. |

나쁜 예 칼자루가 몸의 중심선에서 벗어나면 올바른 허리칼이 아니다. 허리칼은 죽도를 잡기 직전 단계이므로 오른손이 죽도를 잡기 쉽도록 칼자루가 몸 안쪽에 위치해야 한다.

037 앉은 자세

※우리나라에서는 시행하고 있지 않은 동작임

목적 〉〉 연습이나 경기에서 필요한 든칼을 익힌다.

유의점

앉은 자세는 안정감이 중요하다. 무릎을 충분히 벌리고 양 발 뒤꿈치 아래에 중심을 둔다. 엉덩이를 발뒤꿈치 위에 완전히 걸치지 말고 살짝 위에 놓는다. 앉은 자세를 취할 때에는 죽도가 바닥에 닿지 않도록 한다.

▌양어깨의 힘을 뺀 채 발뒤꿈치 위에 엉덩이를 대고 자세를 안정시킨다.

▌등줄기를 곧게 펴고 상체를 똑바로 세운다.

격자 부위

목적 네 개의 격자 부위를 확인하고 정확한 격자로 한판을 얻는다.

유의점

상대가 중단세를 취했을 때는 머리, 목, 오른 손목, 좌우 허리가 격자 부위이다. 상단세인 경우에는 왼 손목도 격자 부위이다.

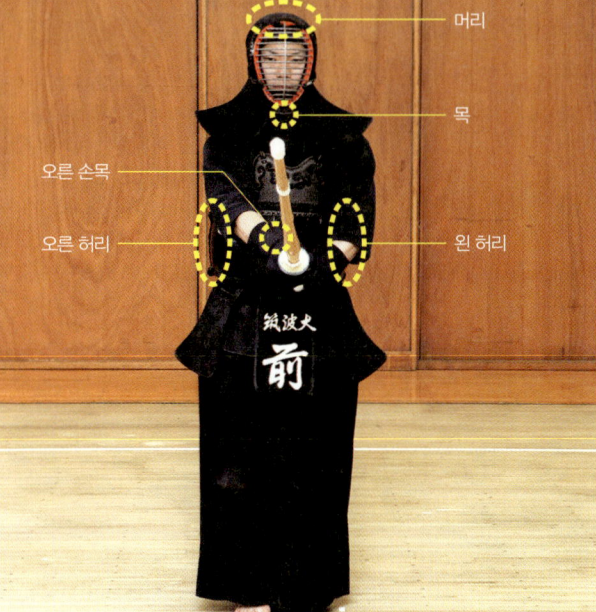

격자 부위는 머리, 목, 손목, 허리가 있다.

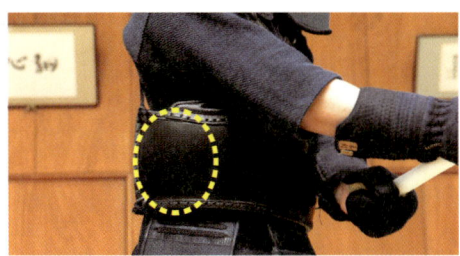

허리는 좌우 허리가 격자 부위이다.

머리는 정면뿐만 아니라 왼 머리와 오른 머리를 격자해도 한판이 된다.

찌르기는 목이 격자 부위이다.

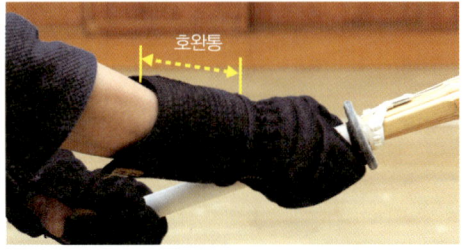

손목은 호완통이 격자 부위이고 호완머리는 격자해도 한판이 되지 않는다.

상하후리기

목적 몸을 크게 움직여 죽도의 칼날을 바르게 해서 죽도를 아래위로 휘두르는 법을 익힌다.

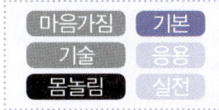

1 중단세를 취한다.

2 숨을 들이마시면서 천천히 죽도를 들어 올린다.

3 숨을 내쉬면서 칼끝을 무릎 아래까지 내려친다.

유의점

죽도를 들어 올렸다가 내려칠 때까지 왼손이 몸의 중심에서 벗어나지 않도록 한다. 왼손을 의식하며 움직이면 죽도의 칼날을 바르게 해서 휘두를 수 있다.

1 죽도를 들어 올릴 때는 왼손을 이마 앞에 둔다.

2 왼손이 죽도에서 떨어지기 직전까지 내려친다.

040 좌우후리기

목적 손목의 움직임을 익혀 죽도의 칼날을 바르게 해서 좌우후리기를 한다.

1 죽도를 똑바로 들어 올린다.

2 손목을 돌려 죽도를 비껴든다.

3 죽도를 45도 각도로 내려친다.

4 내려친 궤도를 따라 죽도를 들어 올린다.

5 손목을 돌려 죽도를 비껴든다.

6 죽도를 45도 각도로 내려친다.

유의점

상하후리기와 마찬가지로 좌우후리기를 할 때는 왼손이 몸의 중심에서 벗어나지 않도록 한다. 손목의 움직임을 의식하며 칼날을 바르게 해서 후리기를 한다.

정면치기

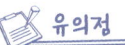

목적: 상대가 앞에 있다고 생각하고 행동하는 허공치기이다. 머리치기의 감각을 익힌다.

유의점

상대가 앞에 있다고 생각해서 치는 것을 허공치기라고 한다. 정면치기를 할 경우 상대의 턱 끝까지 베는 기분으로 내려치면 격자부에 힘을 확실히 전달할 수 있다.

| 중단세를 취한다.

| 오른발을 앞으로 내딛으면서 죽도를 들어 올린다.

| 왼발을 끌어당기면서 죽도를 내려친다.

| 상대가 앞에 있다고 생각하고 머리를 친다.

 ## 좌우 머리치기

목적 상대가 앞에 있다고 생각하고 좌우 머리를 치는 감각을 익힌다.

1 죽도를 똑바로 들어 올린다.

2 오른발을 내딛으면서 손목을 돌린다.

3 왼발을 끌어당기면서 상대의 왼쪽 머리를 겨냥하여 죽도를 내려친다.

4 왼발을 끌어당기면서 내려친 궤도를 따라 죽도를 들어 올린다.

5 손목을 돌린다.

6 오른발을 끌어당기면서 상대의 오른쪽 머리를 겨냥하여 죽도를 내려친다.

 유의점

정면치기와 마찬가지로 상대가 앞에 있다고 생각하며 실시한다. 손목의 움직임을 의식하면서 죽도의 칼날을 바르게 하여 상대의 좌우 머리를 친다. 격자하는 순간에 손목의 스냅을 이용하는 것도 중요하다.

한 박자 머리치기

죽도를 치켜드는 행동과 내려치는 행동을 한 박자에 함으로써 한 박자에 치는 감각을 익힌다.

한 박자 머리치기는 검도의 비법이라고도 불리며, 습득하기까지는 시간이 걸린다. 머리치기뿐만 아니라 모든 기술을 한 박자에 칠 수 있도록 연습하자.

■ 중단세를 취한다.

■ 오른발을 내딛으면서 죽도를 들어 올린다.

■ 발을 내딛는 동작과 죽도를 들어 올리는 동작을 동시에 한다.

■ 왼발을 빠르게 끌어당기면서 머리를 친다.

빠른 동작 머리치기

목적 앞뒤로 뛰면서 허공치기를 하며 상반신과 하반신의 균형을 키운다.

1 중단세를 취한다.

2 죽도를 머리 위까지 똑바로 들어 올린다.

3 왼발을 축으로 해서 앞으로 뛰며 죽도를 내려친다.

4 왼발을 빠르게 끌어당기면서 상대의 머리를 친다.

5 뒤로 뛰면서 죽도를 들어 올린다.

6 앞으로 뛰면서 죽도를 내려친다.

유의점

빠른 동작 머리치기는 상반신과 하반신을 원활하게 연동시키기 위한 허공치기이다. 속도에만 치중하지 말고 정확한 자세로 머리치기를 하는 데 중점을 두자.

045 벌려걷기를 이용한 허공치기

목적 〉〉 벌려걷기를 이용해서 상대의 기술을 막아내는 동시에 공격을 펼치는 연습이다.

1 죽도를 똑바로 들어 올린다.

2 벌려걷기로 몸을 오른쪽으로 움직인다.

3 왼발을 끌어당기면서 상대의 머리를 친다.

4 죽도를 들어 올린다.

5 벌려걷기로 몸을 왼쪽으로 움직인다.

6 오른발을 끌어당기면서 상대의 머리를 친다.

유의점

벌려걷기를 하면 상대의 기술을 막아내는 동시에 격자할 수 있다. 상대가 앞에 있다고 생각하고 실전을 의식하며 허공치기를 하자.

046 손목 허공치기

목적 상대가 앞에 있다고 생각하고 손목을 치는 감각을 익힌다.

중단세를 취한다.

오른발을 내딛으면서 죽도를 들어 올린다.

나쁜 예 상대의 손목은 자신이 생각하는 것보다 낮은 위치에 있다. 격자 순간에는 죽도와 바닥이 평행이 되도록 하고 칼끝이 상대의 손목에 확실히 닿도록 하자. 오른손에 힘이 들어가면 내려쳤을 때 칼끝이 높아지므로 주의가 필요하다.

왼발을 끌어당기면서 상대가 앞에 있다고 생각하고 손목을 친다.

047 허리 허공치기

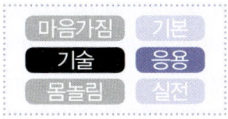

목적 상대가 앞에 있다고 생각하고 왼 허리치기의 감각을 익힌다.

1 중단세를 취한다.

2 오른발을 내딛으면서 죽도를 똑바로 들어 올린다.

3 오른손을 움직여 죽도를 45도 각도로 돌린다.

4 왼손이 몸의 중심에서 벗어나지 않도록 내려친다.

5 허리 높이에서 죽도를 멈춘다.

나쁜 예 허리치기를 할 때는 왼손이 몸의 중심에서 벗어나서는 안 된다. 죽도를 똑바로 치켜든 뒤 머리 위에서 재빨리 오른손을 돌려 상대의 허리에 45도 각도로 내려친다. 옆에서 치면 칼날이 잘 세워지지 않기 때문에 격자 부위에서 벗어나기 쉽다.

유의점
일반적으로 허공치기는 머리치기가 중심이지만 손목이나 허리의 허공치기를 연습하면 실전에 가까운 감각을 키울 수 있다.

메뉴 048 기마 자세로 허공치기

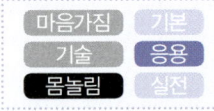

목적 스쿼트를 하는 요령으로 허공치기를 해서 몸 전체로 죽도를 휘두르는 연습을 한다.

유의점

기마 자세 허공치기는 몸 전체로 죽도를 휘두르는 연습이다. 하반신 강화와 제하단전(臍下丹田)에 힘을 모으는 효과가 있다.

중단세에서 발을 좌우로 크게 벌린다.

발은 움직이지 않은 채 몸을 일으키면서 죽도를 들어 올린다.

앉으면서 죽도를 똑바로 내려친다.

바닥과 평행이 되는 위치에서 죽도를 멈춘다.

제2장

기본 기술

이 장에서는 격자 동작의 기본을 배운다. 상대와 공방을 주고받는 연습에 들어가기 전에 상대의 격자 부위를 올바르고 정확하게 격자하는 기술을 익히는 것이 중요하다. 올바른 자세로 반복하며 연습하자.

049 일족일도 −足−刀의 거리

목적 일 보 전진하면 상대를 공격할 수 있는 일족일도의 거리를 익힌다.

▍일족일도의 거리는 서로의 칼끝이 교차하는 정도의 거리이다.

유의점

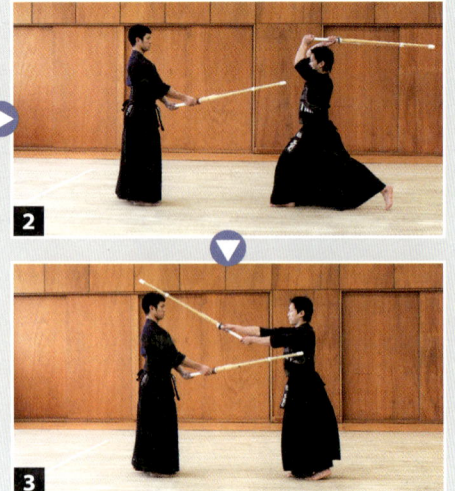

일족일도의 거리는 검도의 기본이며, 가장 중요한 거리이다. 일 보 들어가면 상대를 격자할 수 있고, 일 보 물러서면 상대의 공격을 피할 수 있는 거리를 말한다. 자신이 전진할 수 있는 거리와 후퇴할 수 있는 거리는 상대방의 상황에 따라 달라진다.

먼 거리

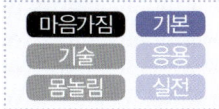

목적 일 보 들어가도 상대를 공격할 수 없는 먼 거리를 익힌다.

유의점

먼 거리는 일족일도의 거리보다 멀어 일 보 들어가도 상대를 공격할 수 없는 거리를 말한다. 다만 상대의 격자를 쉽게 피할 수 있다.

▌먼 거리는 서로의 칼끝이 닿을 듯 말 듯한 거리이다.

가까운 거리

목적 상대와 자신 모두 쉽게 공격할 수 있는 가까운 거리를 익힌다.

유의점

가까운 거리는 자신과 상대 모두 그 자리에서 공격할 수 있는 위험한 거리이다. 가까운 거리에서의 공방은 방심할 수 없으므로 가능한 한 일족일도의 거리에서 연습하도록 하자.

▌가까운 거리는 서로의 거리가 일족일도의 거리보다 가까운 위험한 거리이다.

 # 발구름

 올바른 발구름 형태를 배워 실전에 더욱 가까운 움직임을 익히는 연습이다.

유의점

다른 발 운영법과 마찬가지로 발구름을 할 때도 몸은 수평 이동해야 한다. 오른발을 움직일 때 발끝보다 무릎이 먼저 나가도록 한다. 그러면 허리가 앞으로 움직이므로 자세가 흐트러지지 않은 상태에서 발구름을 할 수 있다.

▌ 양손을 허리에 대고 자세를 취한다.

나쁜 예 발구름을 할 때는 몸이 앞으로 확실히 나가야 한다. 발구름을 했을 때 상대에게 오른 발바닥이 보인다는 것은 몸이 앞으로 나가지 않고 위로 떠 있는 상태이므로 조심해야 한다.

▌ 왼발로 밀어서 몸을 앞으로 내보낸다.

▌ 오른발을 바닥과 평행이 되도록 강하게 구른다.

존심 存心

목적 격자 후에도 상대의 반격을 허용하지 않는 몸놀림과 마음가짐을 기른다.

존심은 유효격자의 필요조건이 되는 중요한 요소이다. 검도에서는 정확한 자세에서 격자부로 상대의 격자 부위를 격자하고 존심을 나타냈을 때 비로소 유효격자가 된다.

| 격자 후에 상대방의 옆을 빠르게 빠져나간다.

| 상대방과 충분한 거리를 두고 뒤돌아선다.

| 중단 자세를 취하고 상대방을 마주 본다.

| 거리를 약간 좁히고 방심하지 않는 마음가짐을 보여준다.

054 머리치기

목적 몸 전체를 이용해서 올바른 머리치기를 익힌다.

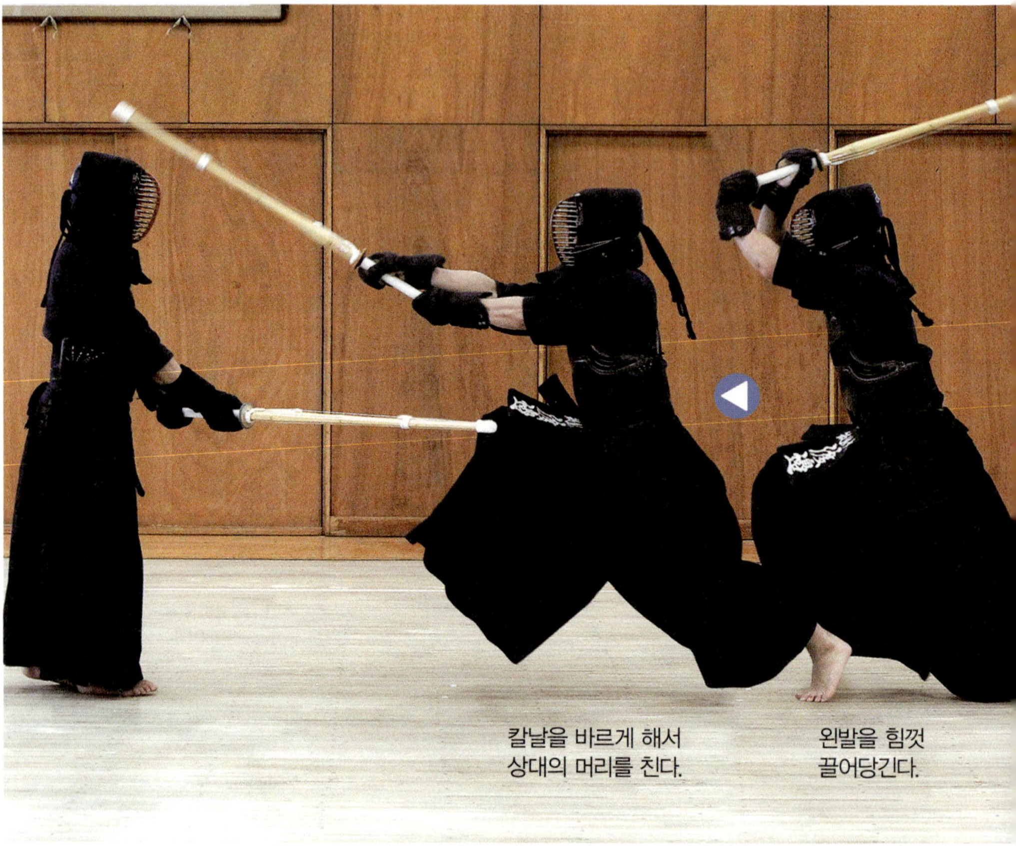

칼날을 바르게 해서 상대의 머리를 친다.

왼발을 힘껏 끌어당긴다.

📝 유의점

올바른 머리치기를 익히기 위해 몸 전체를 이용해서 큰 기술로 친다. 기검체가 일치된 격자를 목표로, 허리부터 상대에 부딪힌다는 느낌으로 친다. 그러면 몸이 위아래가 아닌 수평으로 이동하며 상대를 격자할 수 있다.

공격하는 쪽

공격하는 쪽

왼손이 이마 위로 올 때까지
죽도를 들어 올린다.

일족일도의 거리에서
자세를 취한다.

나쁜 예 상대를 치고 싶은 마음이 너무 앞서면 죽도로 상대를 치는 것만이 목적이 되어 버린다. 그렇게 되면 몸이 앞으로 기울어 격자 자세가 흐트러진다(왼쪽). 그 밖에도 거리에 대한 이해가 부족하면 발놀림이 잘못되어 중요한 기회에 격자를 할 수 없게 된다(오른쪽).

 ## 큰 머리치기

목적 〉 몸을 크게 움직여 칼날을 바르게 한 뒤 기검체가 일치한 격자를 익힌다.

유의점

큰 머리치기를 할 때는 죽도를 쥔 완손 아래로 상대의 몸 전체가 보일 때까지 죽도를 들어 올린다. 그러면 머리치기에 기세가 실린다. 바닥을 구르는 소리와 머리를 치는 소리가 일치하도록 하자.

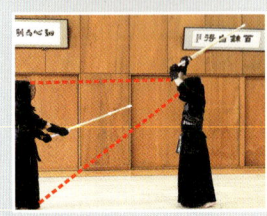

▍일족일도의 거리에서 자세를 취한다.

▍죽도를 머리 위까지 크게 들어 올린다.

▍오른발을 구르는 동시에 죽도로 상대의 머리를 친다.

작은 머리치기

목적 작은 동작으로 들어 올리기와 내려치기를 해서 실전에 가까운 머리치기를 연습한다.

┃ 먼 거리에서 상대를 압박해 들어간다.

나쁜 예 죽도를 들어 올릴 때는 가능한 한 자세를 흐트러뜨리지 않도록 하자. 자세가 흐트러지면 상대방에게 공격에 나서는 자신의 의도를 들키게 된다. 특히 오른손을 앞으로 끌어당기듯이 들어 올리면 상대에게 격자의 기회를 줄 수 있으므로 주의하자.

┃ 가능한 한 자세를 흐트러뜨리지 말고 죽도를 작게 들어 올린다.

┃ 손목의 스냅을 이용해 상대의 머리를 친다.

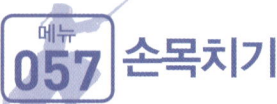

메뉴 057

손목치기

마음가짐 | 기본
기술 | 응용
몸놀림 | 실전

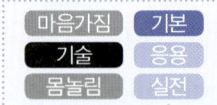

목적 몸 전체를 이용해 올바른 손목치기를 익힌다.

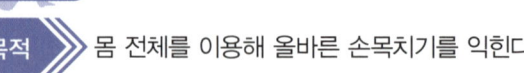

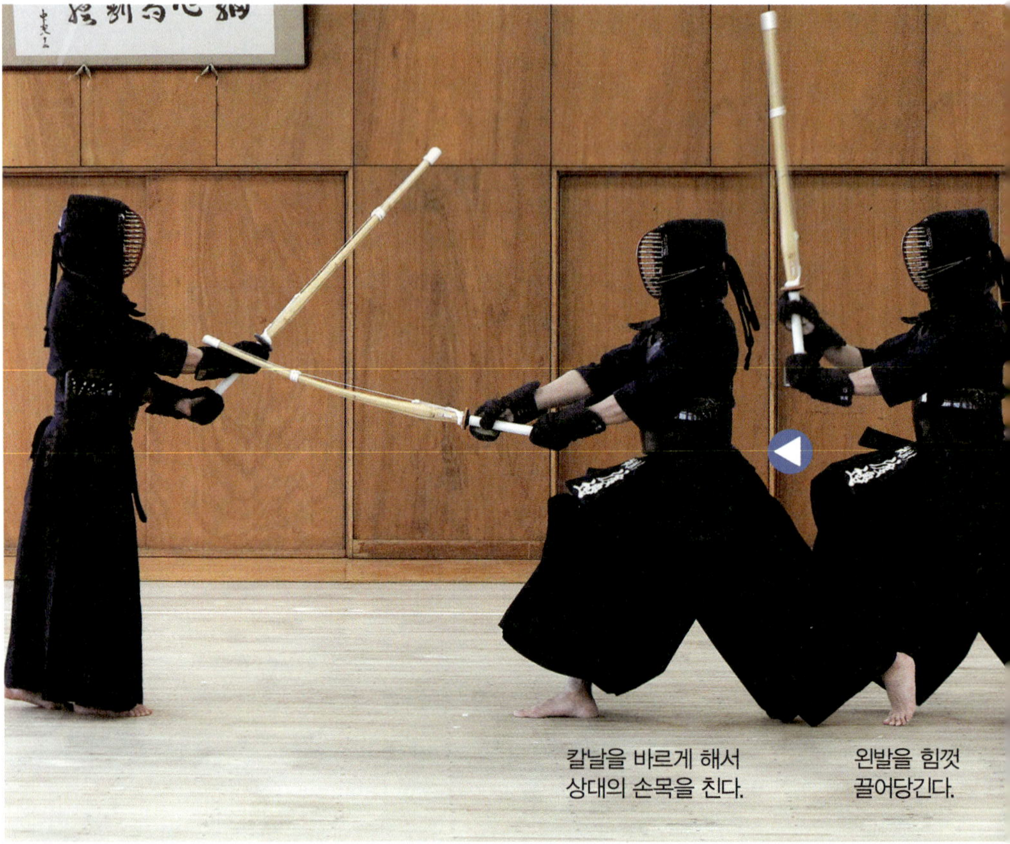

칼날을 바르게 해서
상대의 손목을 친다.
왼발을 힘껏
끌어당긴다.

유의점

머리치기와 마찬가지로 손목치기의 포인트는 죽도를 똑바로 들어 올리고 똑바로 내려치는 것이다. 상대방의 죽도를 향해 평행으로 내려치면 칼날이 바른 상태에서 손목을 칠 수 있다.

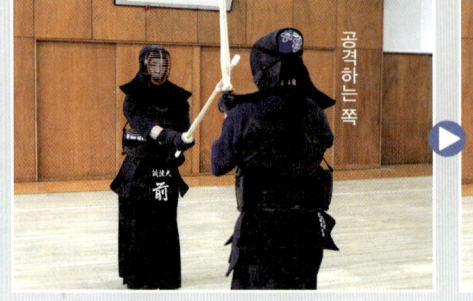

공격하는 쪽

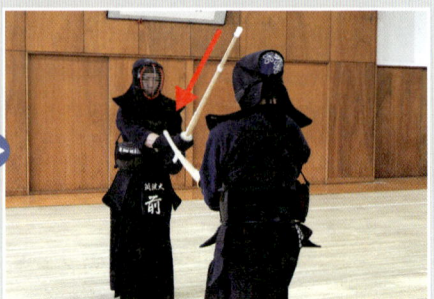

공격하는 쪽

죽도를 쥔 양팔 사이로 상대의 손목이 보일 정도까지 죽도를 들어 올린다.

일족일도의 거리에서 자세를 취한다.

✕ 나쁜 예

손목은 격자 부위 중에서도 자신과 가장 가까운 위치에 있다. 그래서 몸은 움직이지 않은 채 손끝만 움직여서 격자하려는 경향이 있다. 특히 초보자는 그러한 경향이 강한데 그렇게 하면 자세가 흐트러져 한판을 얻을 수 없다. 게다가 손목을 칠 때 격자 부위에 시선을 주면 상대에게 공격하려는 자신의 의중을 들킬 뿐 아니라 자세도 흐트러지므로 주의하자.

공격하는 쪽

메뉴 058 큰 손목치기

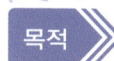

목적 몸을 크게 움직여 칼날을 바르게 한 뒤 기검체가 일치된 격자를 익힌다.

유의점

손목은 격자 부위가 머리보다 낮은 위치에 있으므로, 죽도를 너무 크게 휘두를 필요는 없다. 죽도를 들어 올릴 때는 양팔 아래에서 상대의 손목이 보일 정도로만 들어 올린다.

일족일도의 거리에서 자세를 취한다.

죽도를 쥔 양팔 사이로 상대의 손목이 보일 정도까지 죽도를 들어 올린다.

칼날을 바르게 해서 상대의 손목을 친다.

작은 손목치기

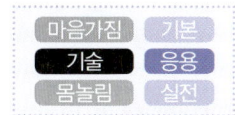

목적 작은 동작으로 들어 올리기와 내려치기를 해서 실전에 가까운 손목치기를 연습한다.

▌먼 거리에서 상대를 압박해 들어간다.

> **나쁜 예** 손목은 손을 조금만 내밀면 닿을 정도로 가까운 거리에 있다. 그러나 손끝만 내밀어 격자하면 자세가 흐트러져서 한판을 얻기 어렵다. 죽도는 작게 움직여도 격자는 몸 전체로 해야 한다는 점을 명심하자.
>
>

▌상대의 칼끝을 겨냥해서 죽도를 작게 들어 올린다.

▌손목의 스냅을 이용해 상대의 손목을 친다.

060 허리치기

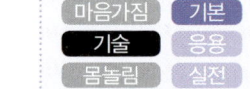

목적 〉 몸 전체를 이용해 올바른 허리치기를 익힌다.

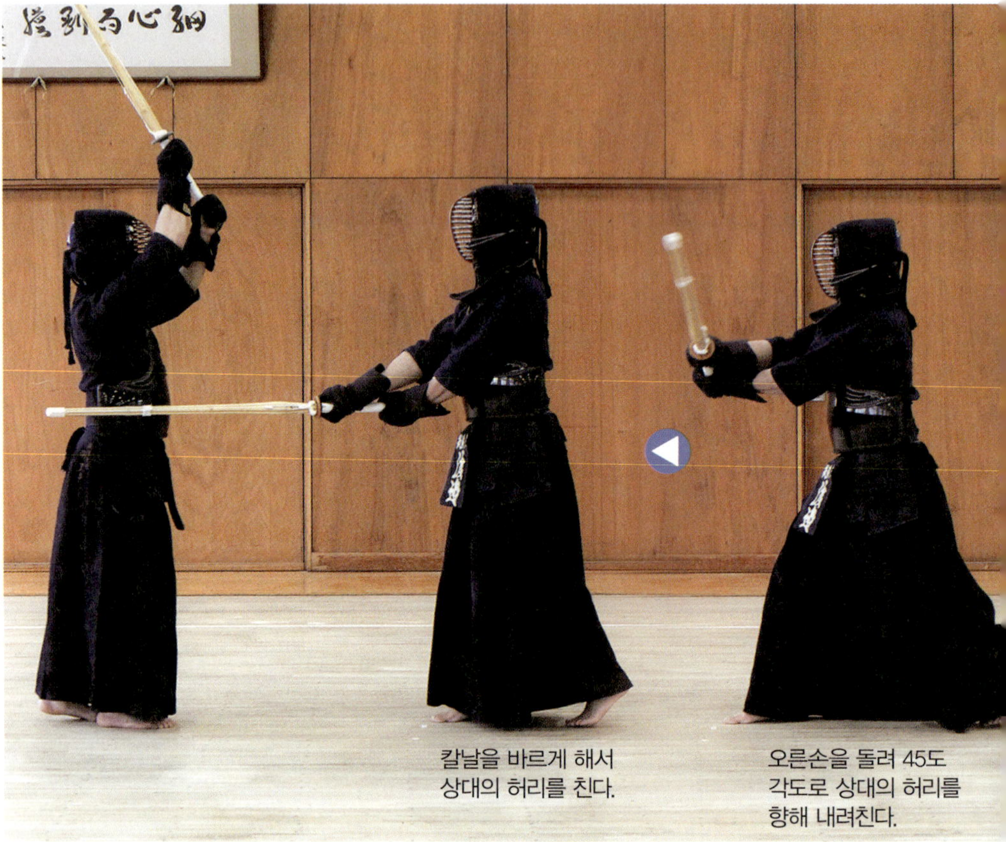

칼날을 바르게 해서 상대의 허리를 친다.

오른손을 돌려 45도 각도로 상대의 허리를 향해 내려친다.

유의점

허리치기를 할 때는 45도 각도로 상대의 허리를 죽도로 내려친다. 상대방이 허리를 치려는 자신의 의도를 알아차리지 못하도록 죽도를 치켜들 때는 머리치기와 같은 동작으로 똑같이 들어 올리고 머리 위에서 오른손을 돌린다.

공격하는 쪽

공격하는 쪽

왼손이 이마 앞에 올 정도까지
죽도를 들어 올린다.

일족일도의 거리에서
자세를 취한다.

나쁜 예 ✗ 허리치기를 하고
도 한판으로 인정
받지 못하는 경우
가 많은데, 그 가장 큰 이유
는 칼날이 바르지 않기 때문
이다. 특히 아래부터 베어 올
리는 듯한 허리치기는 한판
으로 인정되지 않으므로 허
리치기를 할 때는 반드시 45
도 각도로 내려치자. 그렇게
하면 칼날이 정확히 허리를
치게 된다.

공격하는 쪽

오른 허리치기

목적 자세를 흐트러뜨리지 않도록 주의하면서 칼날을 바르게 하여 오른 허리치기를 익힌다.

유의점

허리가 뒤로 빠져 자세가 흐트러진 격자는 한판으로 인정되지 않는다. 허리치기를 할 때는 상대 쪽으로 깊숙이 들어가듯이 움직여 상대의 정면에서 치도록 하자.

■ 먼 거리에서 상대를 압박해 들어간다.

■ 죽도를 똑바로 치켜들어 머리 위에서 오른손을 돌린다.

■ 상대의 정면에서 죽도를 45도 각도로 내려치면서 오른 허리를 친다.

왼 허리치기

목적 왼 허리치기를 익혀 상황에 따라 좌우 허리치기 기술을 구사할 수 있도록 한다.

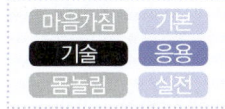

유의점

왼 허리치기는 격자 후 즉시 바른 자세를 갖춰야 한다. 허리치기를 하고 그대로 멈춰 있으면 상대에게 반격을 허용하게 되므로 격자 후에는 왼쪽 뒤 대각선 방향으로 재빨리 빠져나간다.

▎죽도를 똑바로 들어 올리면서 상대방 쪽으로 나아간다.

▎머리 위에서 오른손을 돌린다.

▎몸을 왼쪽 뒤 대각선 방향으로 움직이면서 죽도를 45도 각도로 내려 상대의 왼 허리를 친다.

양손 찌름

목적: 찌름 부위(목)를 정확히 찌르도록 의식하면서 올바른 양손 찌르기를 익힌다.

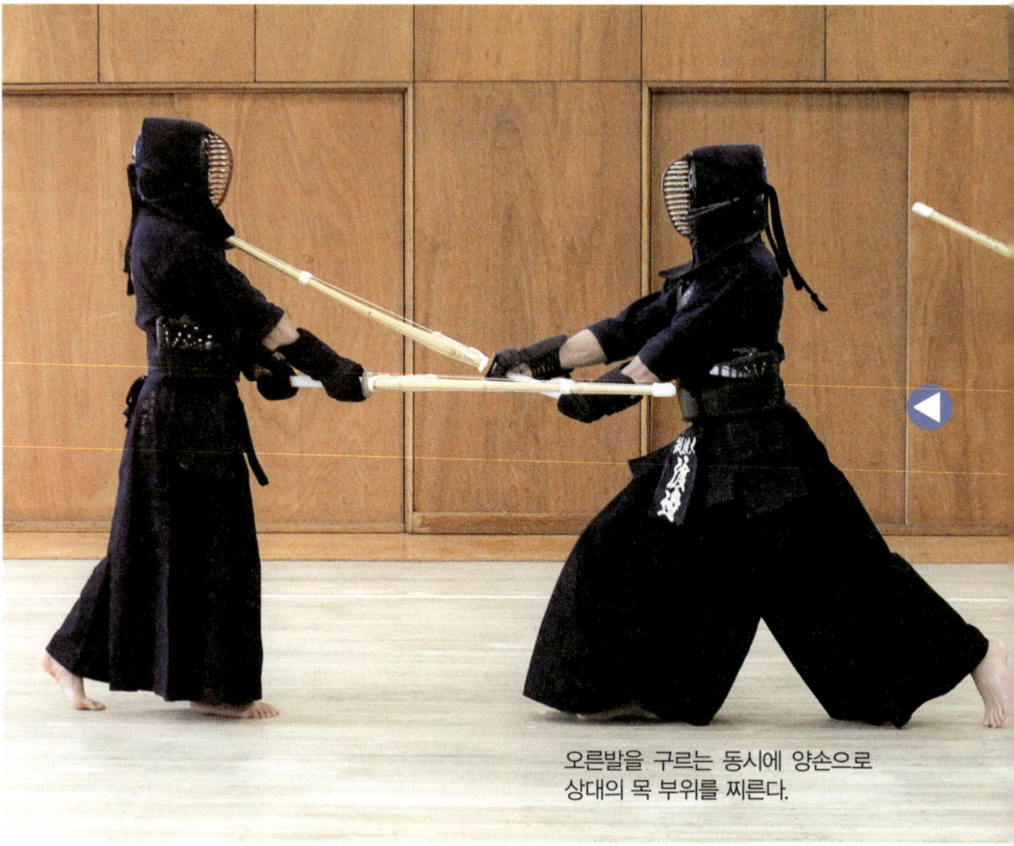

오른발을 구르는 동시에 양손으로 상대의 목 부위를 찌른다.

유의점

찌르기를 한판으로 만드는 비결은 찌름을 하고 난 후 즉시 손을 빼고 중단세로 돌아가는 것이다. 중단세에서 존심을 나타내어 몸놀림과 마음가짐을 정돈한다. 이 일련의 동작이 물 흐르듯 이루어졌을 때 비로소 찌르기 기술은 한판으로 인정받는다.

공격하는 쪽

공격하는 쪽

왼발을 밀어 차는 동시에 목을 겨냥하여
죽도를 똑바로 내민다.

일족일도의 거리에서
자세를 취한다.

나쁜 예 찌르기는 찌름 부위가 좁기 때문에 죽도의 방향이 살짝만 어긋나도 목에서 벗어나게 된다. 목을 정확히 찌르지 못하는 대부분의 이유는 왼손이 몸의 중심에서 벗어나 있기 때문이다. 왼손이 복부에 정확히 위치해 있으면 죽도의 궤도가 안정되어 목을 정확히 찌를 수 있는 확률이 높아진다.

공격하는 쪽

064 한 손 찌름

목적 찌름 기술의 하나로써 상대의 목을 한 손으로 정확히 찌른다.

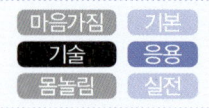

▎일족일도의 거리에서 자세를 취한다.

나쁜 예 아래에서 찔러 올리는 듯한 한 손 찌르기를 하면 목을 정확히 찌르기가 어렵다. 죽도의 궤도가 안정되지 않기 때문이다. 격자 순간에 칼끝부터 왼손까지가 일직선을 이루도록 죽도를 내밀면 죽도의 궤도가 안정되어 목을 정확히 찌를 수 있다.

▎왼발을 밀어 차는 동시에 오른손을 놓으면서 목을 겨냥하여 죽도를 똑바로 내민다.

▎오른발을 구르는 동시에 왼손으로 상대의 목을 찌른다.

# 065 몸받음

목적 상대의 자세를 무너뜨리는 수단의 하나로써 올바른 몸받음 방법을 익힌다.

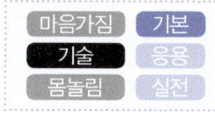

공격하는 쪽

▍상대를 격자한다(한판이 되지 않아도 좋다).

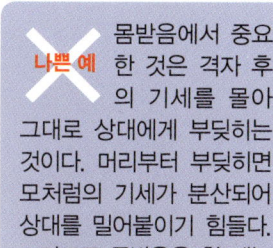

나쁜 예 몸받음에서 중요한 것은 격자 후의 기세를 몰아 그대로 상대에게 부딪히는 것이다. 머리부터 부딪히면 모처럼의 기세가 분산되어 상대를 밀어붙이기 힘들다. 그러므로 몸받음을 할 때는 허리부터 부딪히자.

▍격자 후의 기세를 몰아 상대와 부딪힌다.

▍손을 내리고 허리에서부터 상대에게 부딪힌다.

066 머리로 받는 연격

목적 머리치기와 발 운용법 등 검도의 기본동작을 종합적으로 수련한다.

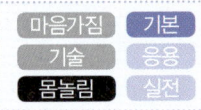

유의점

연격은 검도의 모든 기본이 결집된 종합적인 수련법이다. 격자, 발 운용법, 손목의 움직임 등을 확인하면서 정확히 연습하자.

정면 머리치기를 한 다음 오른발을 내딛으며 죽도를 크게 들어 올린다.

손을 돌려 왼발을 끌어당기면서 상대의 왼 머리를 친다.

오른발을 내딛으며 죽도를 크게 들어 올린다.

손을 돌려 왼발을 끌어당기면서 상대의 오른 머리를 친다.

죽도로 받는 연격

목적 머리치기와 발 운용법 등 검도의 기본동작을 종합적으로 수련한다.

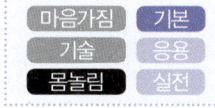

유의점

연격 시 상대가 죽도로 받을 경우 공격하는 쪽은 상대의 죽도를 향해 치지 말고 격자 부위인 좌우 머리를 겨냥해서 치도록 하자.

정면 머리치기를 한 다음 오른발을 내딛으며 죽도를 크게 들어 올린다.

손을 돌려 왼발을 끌어당기면서 상대의 왼 머리를 겨냥해 죽도를 내려친다.

오른발을 내딛으며 죽도를 크게 들어 올린다.

손을 돌려 왼발을 끌어당기면서 상대의 오른 머리를 겨냥해 죽도를 내려친다.

Column About the Kumdo

검도 실력 향상을 위한 칼럼 ①
수파리 守破離

'수파리'란 검도 수련의 단계를 나타내는 용어이다. '수(守)'는 지도자의 가르침을 충실히 지키고 배우는 단계, '파(破)'는 '수'에서 배운 것을 더욱 수련해서 검도 실력을 쌓아가는 단계, 마지막 '리(離)'는 그 무엇에도 구애받지 않고 자신만의 검도를 만들어 가는 단계를 가리킨다.
검도 실력은 하루아침에 늘지 않는다. 반드시 '수'에서 '파', '파'에서 '리'의 단계를 거쳐야 한다. 그렇게 함으로써 기본에 충실한 검도를 익힐 수 있다.

검도 실력 향상을 위한 칼럼 ②
백련자득 百練自得

'백련자득'이란 '수많은 수련을 통해 자연스럽게 몸에 익힌다'는 의미이며, 나아가 '무엇인가를 익히려면 수많은 연습이 필요하다'는 의미도 포함되어 있다.
'검성'이라 불렸던 모치다 모리지(持田盛二) 범사 10단은 '나는 검도의 기초를 몸으로 익히기까지 50년이 걸렸다'라는 말을 남겼다. '검성'이라 불릴 만큼 뛰어났던 모리지 선생이 50년이나 걸렸다고 하니 하물며 평범한 우리는 어떠할까?
수련 시간이 길면 길수록 실력은 향상될 것이다. 그러나 기본을 무시하고 잘못된 수련을 반복하면 나쁜 버릇이 들어 돌이킬 수 없는 결과를 초래하게 된다. 늘 검도의 올바른 기본에 유의하면서 수련하도록 하자.

제3장

공격 기술과 대응 기술

 서로 상대의 움직임에 대응해서 공방을 주고받는 대련 기술을 습득한다. 공격 기술과 대응 기술의 내용을 충분히 이해하고 격자 기회를 재빨리 파악해서 격자할 수 있도록 하자.

 ## 068 상대의 중심을 무너뜨리기

목적 죽도로 상대의 중심을 무너뜨려 움직임을 제압한다.

 유의점

경기나 연습에서 기술을 펼치려면 반드시 상대의 중심을 무너뜨려야 한다. 중심을 무너뜨리면 상대보다 우위에서 경기와 연습을 펼칠 수 있다.

압박해 들어가서 상대의 중심을 무너뜨려 자신에게 유리한 거리를 확보한다.

중심을 제압하면 상대의 칼끝이 자신의 중심에서 벗어난다.

궁지에 몰린 상대가 앞으로 나오는 순간 격자한다.

069 공격의 포인트

목적: 공격 전반에 걸쳐 공통되는 한판을 얻기 위한 포인트를 배운다.

공격 시 중요한 것은 먼 거리에서 압박해 들어가는 마음가짐이다.

공격하는 쪽

상대를 압박할 때는 손끝뿐만 아니라 허리를 의식하면서 거리를 좁혀 간다.

유의점

상대를 압박해 들어갈 때 적절한 발 폭을 유지하지 못하면 자세가 불안정해져서 상대의 허점을 곧바로 공격해 들어갈 수 없다. 오른발을 내딛었으면 곧바로 왼발을 끌어당겨서 항상 같은 발 폭을 유지한 상태에서 격자하자.

앞으로 들어가 머리치기

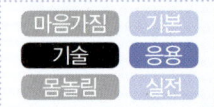

 격자하기 전에 상대를 압박해 들어가 중심을 무너뜨린 뒤에 머리를 친다.

■ 먼 거리에서 자세를 취한다.

■ 죽도로 밀면서 들어가 상대의 중심을 무너뜨린다.

■ 왼발을 빠르게 끌어당긴다.

■ 왼발을 힘껏 밀어 찬다.

■ 칼날을 바르게 해서 격자부로 머리를 내려친다.

나쁜 예 ✗ 죽도의 무게를 이용해 위에서 누르듯이 해서 상대의 중심을 무너뜨린다. 자신의 칼끝이 상대의 중심에서 벗어나게 되면 비록 상대의 중심을 무너뜨렸더라도 곧바로 격자하기 어렵다.

칼끝이 중심에서 벗어나 있다.

071 밑으로 돌려 안으로 헤쳐 머리치기

목적 격자하기 전에 상대를 압박해 들어가 중심을 무너뜨린 뒤 머리를 친다.

1 먼 거리에서 자세를 취한다.

2 죽도로 밀면서 들어가 상대의 중심을 무너뜨린다.

3 상대의 되누르는 힘을 이용해 죽도를 밑에서 안으로 돌린다.

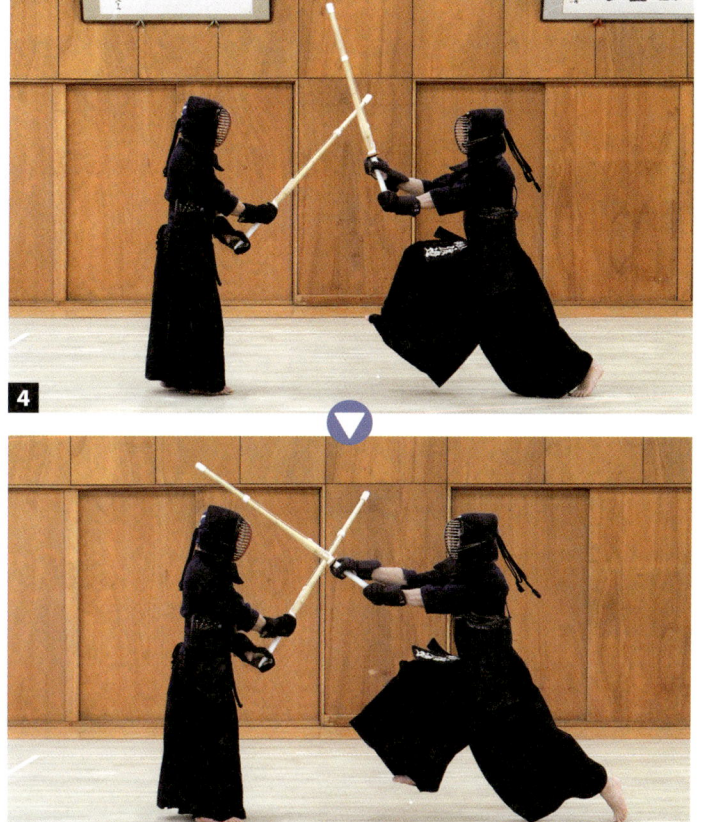

왼발을 밀어 차면서 죽도를 들어 올린다.

칼날을 바르게 해서 격자부로 머리를 친다.

📝 유의점

칼끝을 쉽게 안으로 돌리려면 상대의 되누르는 힘을 이용해야 한다. 먼저 바깥쪽에서 죽도로 상대의 중심을 무너뜨리며 공격한다. 그러면 상대도 흐트러진 중심을 바로잡으려고 죽도를 되눌러 온다. 그 순간 상대의 손을 공격하는 듯 자신의 죽도를 밑으로 내리면 쉽게 안쪽으로 움직일 수 있다.

072 위에서 손목치기

목적 상대의 칼끝을 넘겨 치는 손목치기를 익힌다.

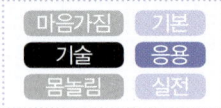

1　먼 거리에서 자세를 취한다.

2　상대의 중심을 죽도로 압박하며 들어간다.

3　왼발을 빠르게 끌어당긴다.

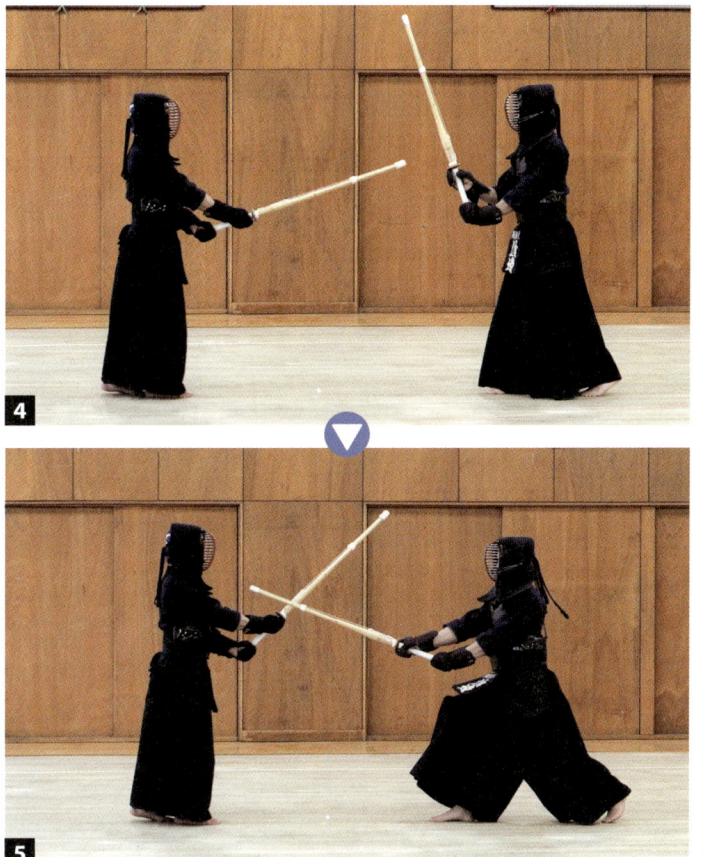

4 상대가 중심을 바로잡으려 되누르는 순간에 죽도를 들어 올린다.

5 손목의 스냅을 이용해서 상대의 손목을 친다.

📝 유의점

상대의 칼끝을 넘겨 치는 손목치기는 죽도로 상대의 중심을 압박해서 상대가 흐트러진 중심을 바로잡으려 하는 순간이 포인트이다. 상대가 중심을 바로잡으려 죽도를 되누르는 순간에 자신의 죽도를 들어 올리면 상대의 칼끝은 되누르던 기세를 멈추지 못한 채 중심에서 벗어난다. 그때를 노려 상대의 칼끝을 넘어 손목을 친다.

공격하는 쪽

073 밑으로 손목치기

목적 ▶ 상대의 칼끝 밑에서부터 치는 손목치기를 익힌다.

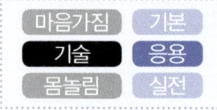
마음가짐 / 기본 / **기술** / 응용 / 몸놀림 / 실전

1 먼 거리에서 자세를 취한다.

2 칼끝을 상대의 손 아래를 향하면서 들어간다.

3 왼발을 빠르게 끌어당긴다.

죽도를 살짝 들어 올린다.

손목의 스냅을 이용해 상대의 손목을 친다.

유의점

상대 죽도의 밑으로 손목을 칠 경우, 죽도로 상대를 압박해서 들어가 중심을 무너뜨리고 상대가 중심을 바로잡으려 되누를 때에 죽도를 내린다. 그렇게 하면 자신의 칼끝이 중심에서 벗어나지 않은 채 상대의 칼끝을 피할 수 있다.

들어가 허리치기

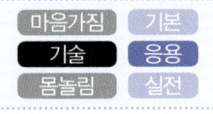

목적 ▶ 상대 쪽으로 몸을 움직여 상대의 손을 들게 함으로써 오른 허리에 생긴 틈을 친다.

1 먼 거리에서 자세를 취한다.

2 상대의 중심을 죽도로 압박하며 들어간다.

3 죽도를 똑바로 들어 올려 상대가 머리를 막을 때 오른손을 돌린다.

상대의 안쪽으로 들어가 45도 각도로 죽도를 내려 친다.

칼날을 바르게 해서 격자 부로 오른 허리를 친다.

✕ 나쁜 예

들어가 허리치기는 상대의 손이 올라가는 순간을 노린다. 이때 빨리 치는 것에만 급급하면 자세가 흐트러지기 쉽다. 그러므로 상대 쪽으로 들어갈 때는 상대에게 허리부터 부딪힌다는 생각으로 움직이도록 하자.

  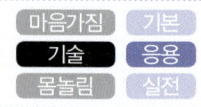

정면 찌름

공격해 들어가는 찌름 기술에는 세 종류가 있다. 칼끝의 움직임으로 빈틈을 만들어 찌른다.

1 먼 거리에서 자세를 취한다.

2 칼끝을 낮춘 상태에서 들어간다.

3 상대가 손목을 방어하면서 칼끝을 내린다.

틈이 생긴 목을 향해 죽도를 똑바로 내민다.

오른발을 구르는 동시에 양손으로 찌른다.

유의점

찌름을 할 때는 상대의 칼끝이 아래를 향하도록 유도해서 목에 빈틈을 만들어야 한다. 칼끝을 낮춰서 들어가면 상대도 죽도를 누르려고 칼끝을 낮추기 때문에 그 순간을 노려 찌른다.

076 바깥 찌름

목적 공격해 들어가는 찌름 기술에는 세 종류가 있다. 죽도를 위아래로 능숙히 움직여 바깥쪽에서 찌른다.

1 먼 거리에서 자세를 취한다.

2 죽도를 밑으로 돌려 상대의 중심을 무너뜨린다.

3 상대가 중심을 바로잡으려 죽도를 되누르면 죽도를 내린다.

4

> 곧바로 몸을 살짝 오른쪽으로 움직이면서 죽도를 위로 되돌린다.

5

> 오른발을 구르는 동시에 양손으로 찌른다.

유의점

죽도를 위아래로 능숙히 움직여서 상대의 빈틈을 유도한다. 격자하는 순간에 몸을 살짝 오른쪽으로 움직여 상대의 정면에서 찌른다.

공격하는 쪽

077 안 찌름

목적 공격해 들어가는 찌름 기술에는 세 종류가 있다. 몸을 능숙하게 움직여 상대 죽도의 안쪽에서부터 찌른다.

■ 먼 거리에서 자세를 취한다.

■ 죽도를 밑으로 돌려 상대의 중심을 무너뜨린다.

■ 상대가 중심을 바로잡으려 죽도를 되누르면 죽도를 내리고 몸을 살짝 왼쪽으로 움직인다.

상대의 정면에서 빈틈이 생긴 목을 향해 죽도를 똑바로 내민다.

오른발을 구르는 동시에 양손으로 찌른다.

유의점

찌름 기술의 경우 몸을 좌우로 능숙하게 움직이면 격자 부위를 겨냥하기가 더 쉽다. 상대 죽도의 안쪽에서부터 찌를 경우, 빈틈이 보이면 즉시 몸을 왼쪽으로 움직여 상대의 정면에서 찌른다.

연속 기술의 포인트

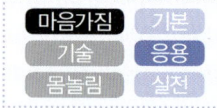

목적 연속 기술 전반에 걸쳐 공통된 한판을 얻기 위한 포인트를 배운다.

공격하는 쪽

1

첫 번째 격자도 한판을 따겠다는 마음가짐으로 친다.

2

첫 번째 격자가 끝났으면 곧바로 왼발을 끌어당겨 연속하는 두 번째 기술에 대비한다.

나쁜 예 연속 기술은 끌어당기는 왼발의 움직임이 매우 중요하지만 오른발에도 주의해야 한다. 첫 번째 격자 시에 오른발이 탄력을 잃으면 공격 기세에 제동이 걸려 두 번째 기술을 펼칠 수 없다. 하반신을 유연하게 움직이면 공격 기세를 유지한 채 두 번째 기술로 연결할 수 있다.

079 손목-머리 연속 기술

목적 손목을 쳐서 상대의 자세를 무너뜨리고 격자 후의 기세를 이용하여 머리를 친다.

📝 **유의점**

첫 번째 손목치기로 상대의 자세를 무너뜨리고 곧바로 연속해서 머리를 친다. 첫 번째 손목을 칠 때의 기세에 눌려 상대가 뒤로 물러서면 머리에 빈틈이 생긴다.

먼 거리에서 자세를 취한다.

한판을 따겠다는 마음가짐으로 손목을 친다.

왼발을 빠르게 끌어당긴다.

손목을 친 기세를 이용해서 상대의 머리를 친다.

머리-머리 연속 기술

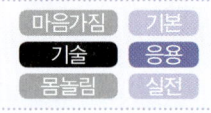

목적 머리를 쳐서 상대를 뒤로 물러서게 만든 뒤 재빨리 거리를 좁혀 다시 한 번 머리를 친다.

유의점

머리에서 머리로 이어지는 연속 기술의 특징은 첫 번째 머리치기에서 자세가 쉽게 흐트러진다는 것이다. 그러므로 첫 번째 머리를 친 후 왼발을 재빨리 끌어당겨 자세를 바로 한다.

■ 먼 거리에서 자세를 취한다.

■ 한판을 따겠다는 마음가짐으로 머리를 친다.

■ 왼발을 빠르게 끌어당겨 자세를 바로잡는다.

■ 올바른 자세로 머리를 친다.

손목-허리 연속 기술

목적 손목을 친 뒤 머리를 칠 것처럼 해서 상대의 손이 올라갔을 때 허리를 친다.

📝 **유의점**

상대의 손이 올라가도록 해서 허리에 빈틈을 만든다. 손목을 친 뒤 죽도를 똑바로 들어 올려 머리를 칠 것처럼 하면 상대는 머리를 막으려고 손을 들어 올린다.

▌먼 거리에서 자세를 취한다.

▌한판을 따겠다는 마음가짐으로 손목을 친다.

▌머리를 칠 것처럼 해서 상대의 손이 올라가도록 한다.

▌칼날을 바르게 해서 45도 각도로 죽도를 내려 오른 허리를 친다.

  **머리-허리 연속 기술**

목적 ▷ 머리를 쳐서 상대가 손을 들어 올려 막으려고 하는 순간에 허리를 친다.

📝 **유의점**

첫 번째 정면 머리치기에 날카로운 기백이 담겨 있으면 상대도 경계하며 머리를 막으려고 한다. 정면 머리치기를 한 후 재빨리 오른손을 돌려 허리를 친다.

▌먼 거리에서 자세를 취한다.

▌한판을 따겠다는 마음가짐으로 머리를 친다.

▌상대가 머리를 막으려고 손을 들어 올리면 허리로 바꾼다.

▌칼날을 바르게 해서 45도 각도로 죽도를 내려 허리를 친다.

손목-머리-허리의 3단 치기

목적 끌어당기는 왼발을 의식하면서 빠른 몸놀림으로 세 개의 기술을 연속해서 시행한다.

유의점

3단 치기를 할 때는 빠른 몸놀림이 필수다. 빨리 치려고 하면 자세가 흐트러지므로 하나의 기술이 끝나면 재빨리 왼발을 끌어당겨 자세를 바로 한 후 다음 기술을 펼친다.

▌먼 거리에서 자세를 취한다.

▌한판을 따겠다는 마음가짐으로 손목을 친다.

▌왼발을 재빨리 끌어당겨 머리를 친다.

▌상대가 손을 들어 올린 순간에 허리로 바꾼다.

084 손목-머리-허리-머리의 4단 치기

목적 여러 개의 기술을 연속해서 펼쳐도 자세가 흐트러지지 않는 안정된 몸놀림을 익힌다.

먼 거리에서 자세를 취한다.

한판을 따겠다는 마음가짐으로 손목을 친다.

자세를 흐트러뜨리지 말고 머리를 친다.

상대가 손을 올린 순간에 허리로 바꾼다.

상대가 허리를 막으려고 손을 내리는 순간 빈틈이 생긴 머리를 친다.

유의점

4단 치기를 수련할 때는 상하 공격을 의식해야 한다. 머리를 치면 손이 올라가므로 허리에 허점이 생기고, 허리를 치면 손이 내려가므로 머리에 허점이 생긴다. 이는 검도 기술 전반에 걸쳐 해당하므로 익혀 두도록 하자.

085 제치기 기술의 포인트

목적 제치는 기술 전반에 걸쳐 공통되는 한판을 얻기 위한 포인트를 배운다.

유의점

제치기 기술을 펼칠 때는 상대 죽도의 중간 부분을 제친다. 죽도를 제치고 치는 두 박자의 동작이 아니라 죽도를 제치면서 치는 한 박자의 동작으로 치도록 하자.

상대의 수비가 견고해서 빈틈이 보이지 않는다.

상대의 죽도를 위아래로 제쳐 올리거나 제쳐 떨어뜨리는 등 상대의 자세를 적극적으로 무너뜨린다.

나쁜 예 상대 죽도를 옆으로 제치면 자신의 칼끝도 중심에서 벗어나 두 박자의 동작이 되어 버린다. 제치기는 칼끝으로 원을 그리듯이 하면 제치기와 격자가 한 동작으로 연결되어 한 박자에 상대를 격자할 수 있다.

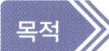
086 바깥 제쳐 머리치기

목적 상대의 죽도를 바깥에서 제친 후 상대가 흐트러진 자세를 바로 하기 전에 머리를 친다.

먼 거리에서 상대를 압박해 들어간다.

유의점

칼끝을 약하게 제치면 상대는 금방 자세를 바로 한다. 제칠 때는 상대 죽도의 중간 부분을 강하게 제치자. 그렇게 하면 상대의 칼끝이 내 몸의 중심에서 벗어난다.

상대의 죽도를 바깥에서 제치는 동시에 죽도를 들어 올린다.

상대가 자세를 바로 하기 전에 머리를 친다.

안 제쳐머리

목적 상대의 죽도를 밑에서 안으로 제친 후 상대가 흐트러진 자세를 바로 하기 전에 머리를 친다.

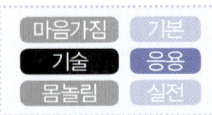

유의점

제치기 기술은 상대가 공격하려고 거리를 좁혀 오는 순간에 제쳐야 효과적이다. 상대의 몸놀림을 세심하게 관찰해서 움직임이 보이면 곧바로 죽도를 제쳐 상대의 자세를 무너뜨리자.

▌먼 거리에서 상대를 압박해 들어가 죽도를 안쪽으로 움직인다.

▌죽도를 안쪽에서 제치는 동시에 들어 올린다.

▌상대가 자세를 바로 하기 전에 머리를 친다.

088 제쳐손목

목적 상대의 죽도를 안쪽에서 살짝 제치면서 곧바로 상대의 손목을 친다.

유의점

손끝으로 살짝 제치는 것만으로는 상대의 자세를 무너뜨릴 수 없다. 죽도의 움직임은 작아도 힘 있게, 거리를 좁히면서 몸 전체로 제친다.

먼 거리에서 상대를 압박해 들어가 죽도를 안쪽으로 움직인다.

죽도를 안쪽에서 제치면서 들어 올린다.

손목의 스냅을 이용해서 상대의 손목을 친다.

 제쳐허리

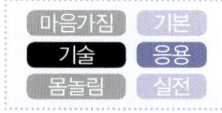

목적 상대의 죽도를 안쪽에서 제쳐 상대의 자세가 무너지고 손이 올라가는 순간에 허리를 친다.

유의점

제쳐허리 기술에서 중요한 점은 상대가 머리를 의식하도록 하는 것이다. 허리 기술은 상대가 손을 크게 들어 올리도록 해야 하므로 가능한 한 머리 기술과 같은 동작으로 공격하자.

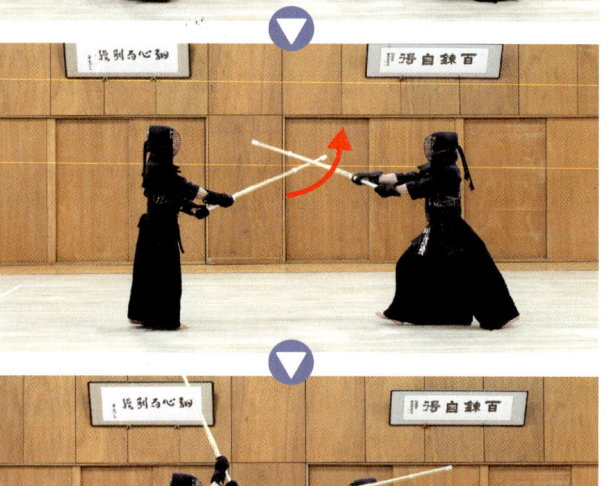

먼 거리에서 상대를 압박해 들어간다.

상대의 죽도를 크게 밑에서 안쪽으로 제쳐 올리면서 죽도를 들어 올린다.

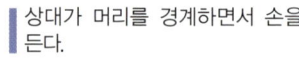

상대가 머리를 경계하면서 손을 든다.

칼날을 바르게 해서 허리를 친다.

제쳐찌름

목적: 작은 제치기 동작으로 격자 부위를 만들어 곧바로 공격해 들어가 찌른다.

유의점

제쳐찌름은 제칠 때에 자신의 칼끝이 중심에서 벗어나 버리면 목을 정확히 찌를 수 없다. 제치기 동작은 작게, 제친 후에는 즉시 찌른다.

일족일도의 거리에서 자세를 취한다.

상대 죽도의 중간 부분을 바깥쪽에서 작게 제친다.

그대로 중심을 잡으면서 찔러 들어간다.

오른발을 구르는 동시에 목을 찌른다.

메뉴 091

어깨메어치기 기술의 포인트

마음가짐 | 기본
기술 | 응용
몸놀림 | 실전

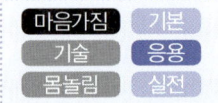

목적 어깨메어치기 기술 전반에 걸쳐 공통된 한판을 얻기 위한 포인트를 배운다.

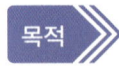

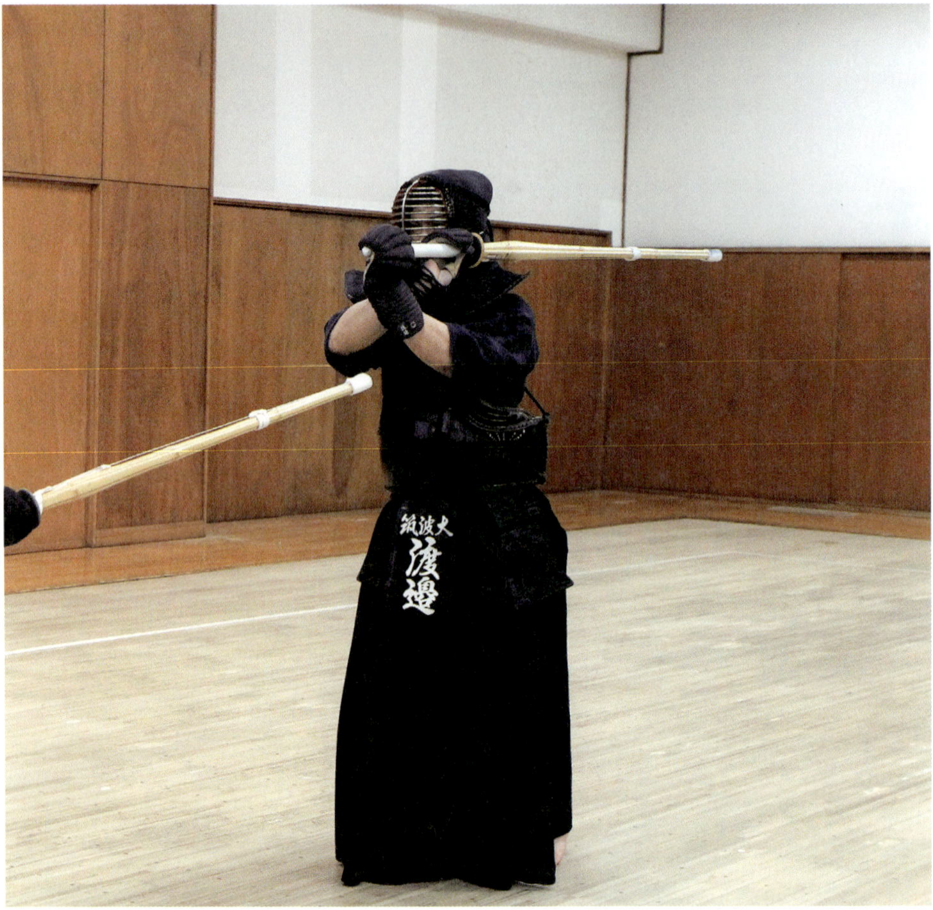

어깨메어치기 기술은 죽도를 과감하게 왼쪽 어깨에 둘러메고 상대를 치는 것이다.

유의점

어깨메어치기 기술은 죽도를 어깨에 둘러메고 상대를 유인해서 상대의 칼끝을 동요시키거나 손을 들어 올리게 하는 것이 특징이다. 죽도를 과감하게 어깨에 둘러메면 상대는 경계하며 동요한다.

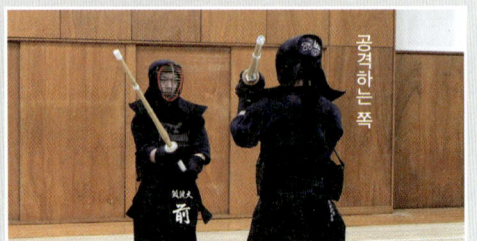

어깨메어 머리치기

목적 죽도를 어깨에 메서 상대를 동요시킨 뒤 상대가 머뭇거릴 때 머리를 친다.

유의점

어깨메어치기 동작은 상대에게 어떤 기술을 펼칠지에 따라 동작의 크기가 달라진다. 머리를 치고 싶으면 작은 어깨메기 동작을 취해서 상대가 손목을 의식하도록 한다. 그런 뒤 상대의 손이 내려가는 순간 친다.

먼 거리에서 자세를 취한다.

죽도를 왼쪽 어깨에 둘러메면서 과감하게 거리를 좁혀 들어간다.

상대가 손목을 방어하며 동요할 때 머리를 친다.

어깨메어 손목치기

목적 죽도를 어깨에 메서 상대가 머리를 막으려고 손을 들어 올릴 때 손목을 친다.

▎먼 거리에서 자세를 취한다.

▎죽도를 왼쪽 어깨에 둘러메어 상대가 머리 공격에 대비하도록 한다.

▎상대의 손이 머리를 막으려고 올라간 틈을 놓치지 않고 손목을 친다.

유의점

어깨메어 손목치기 기술을 하려면 어깨메어 머리치기 동작보다 크고 과감하게 죽도를 둘러메야 한다. 그렇게 하면 상대는 머리를 막으려고 손을 들어 올린다. 이때 빈틈이 생긴 손목을 친다.

어깨메어 허리치기

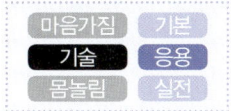

목적 죽도를 어깨에 메서 상대가 머리를 막으려고 손을 들어 올리는 순간에 허리를 친다.

유의점

어깨메어 허리치기 기술은 상대가 머리 공격에 대비하도록 만든다는 점에서는 어깨메어 손목치기와 같지만 어깨메어 손목치기보다 더욱 크게 어깨메기 동작을 한다. 그러면 상대는 머리를 방어하려고 손을 크게 들어 올리므로 빈틈이 생긴 허리를 칠 수 있다.

먼 거리에서 자세를 취한다.

죽도를 왼쪽 어깨에 둘러메어 상대가 머리 공격에 대비하도록 한다.

상대가 머리를 막으려고 손을 크게 들어 올리면 틈이 생긴 오른 허리를 친다.

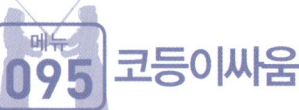

메뉴 095

코등이싸움

마음가짐 | 기본
기술 | 응용
몸놀림 | 실전

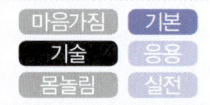

목적 올바른 코등이싸움의 방법을 익히고 그 의미를 이해한다.

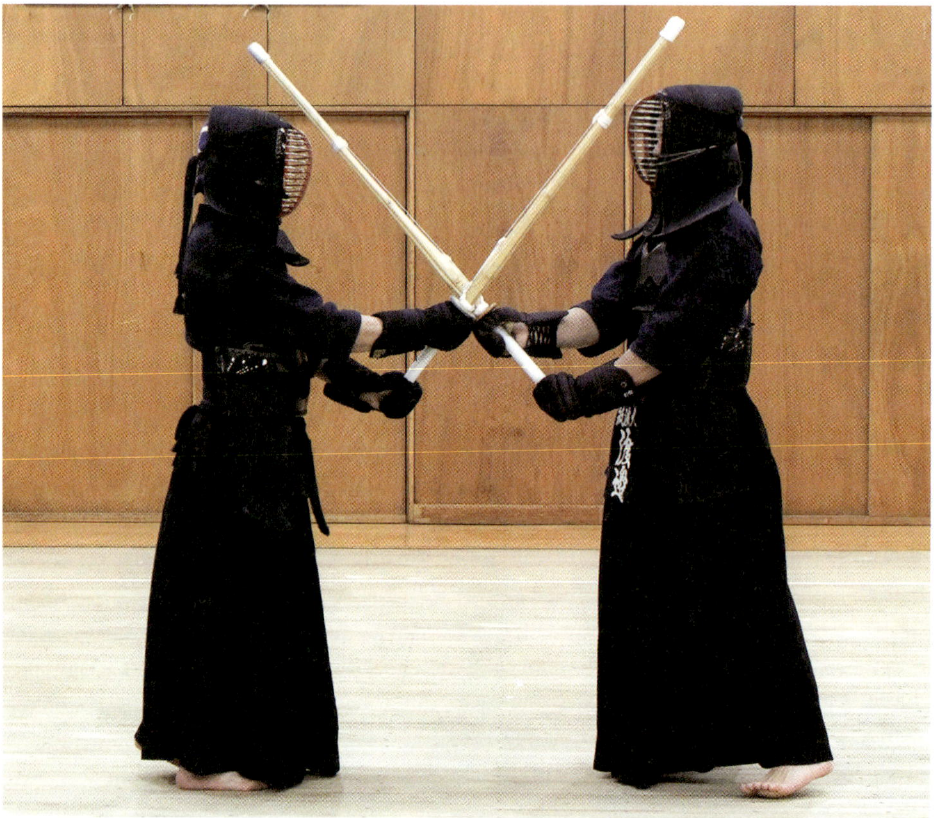

코등이싸움은 서로의 몸이 접근해서 코등이와 코등이가 싸우는 상태이다.

나쁜 예

본래 코등이싸움은 적극적으로 격자 기회를 만들기 위한 기술이다. 그러나 경기에서는 이 코등이싸움을 이용해서 시간을 벌거나 쉬는 장면이 종종 눈에 띈다. 코등이가 아닌 서로의 손이 부딪혀 있거나(왼쪽), 죽도로 상대의 죽도를 힘으로 눌러 기술을 펼치지 못하도록 하는(오른쪽) 행위는 반칙 판정을 부를 수 있으므로 주의하자.

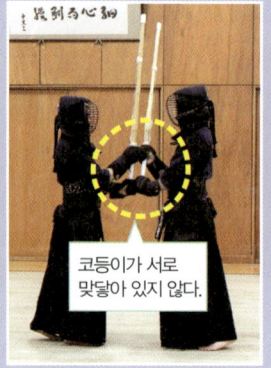

코등이가 서로
맞닿아 있지 않다.

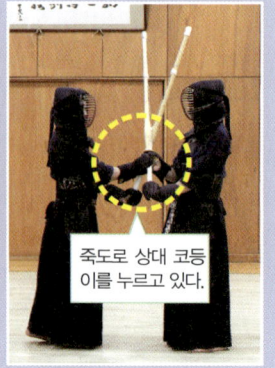

죽도로 상대 코등
이를 누르고 있다.

096 코등이싸움에서 퇴격머리치기

목적 기술을 걸어 코등이싸움을 하게 된 순간에 퇴격머리를 친다.

유의점

코등이싸움을 하게 된 순간은 격자할 절호의 기회이기도 하다. 기술을 걸어 코등이싸움을 하게 된 순간에 상대의 자세가 무너졌으면 과감하게 공격하자.

기술을 걸어 상대에게 몸을 부딪힌다.

격자의 기세를 이용해서 상대의 자세를 무너뜨린다.

상대의 되미는 힘을 이용해 몸을 뒤로 빼며 머리를 친다.

097 상대의 힘을 이용한 퇴격머리치기

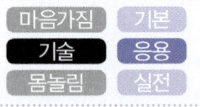

목적 코등이싸움의 상태에서 상대의 손을 밀고 상대의 되미는 힘을 이용해서 퇴격머리를 친다.

유의점 뒤로 물러서면서 격자할 때 허리가 뒤로 빠져 버리면 힘이 정확하게 전달되지 않는다. 몸을 뺄 때는 허리를 의식하면서 자세가 흐트러지지 않은 상태에서 격자하도록 하자.

▌ 바른 자세로 코등이싸움을 한다.

▌ 상대의 손을 민다.

▌ 상대의 되미는 힘을 이용해서 거리를 확보한다.

▌ 곧바로 머리를 친다.

098 퇴격손목치기

목적 코등이싸움의 상태에서 상대의 자세를 무너뜨린 뒤 몸을 움직이면서 상대의 손목을 친다.

유의점

퇴격손목치기를 할 경우 몸을 뒤로 뺄 때 몸을 왼쪽 뒤로 비스듬히 움직이면 격자하기 쉽다. 몸을 움직인 뒤에는 반드시 상대의 정면에서 기술을 펼치도록 하자.

공격하는 쪽

▎바른 자세로 코등이싸움을 한다.

▎상대의 손을 민다.

▎상대의 되미는 힘을 이용해서 몸을 약간 왼쪽 뒤로 비스듬히 움직인다.

▎상대의 손이 나왔을 때 손목을 친다.

  ## 퇴격허리치기

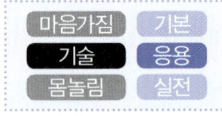

목적 코등이싸움의 상태에서 상대의 자세를 무너뜨리고 몸을 뒤로 빼면서 상대의 오른 허리를 친다.

 유의점

상대의 손을 위에서 누르면 상대는 손을 바로 하기 위해 밀어 올린다. 그 순간을 노려 오른 허리를 친다. 퇴격손목 치기와 마찬가지로 격자 시에 허리가 빠지지 않도록 주의하자.

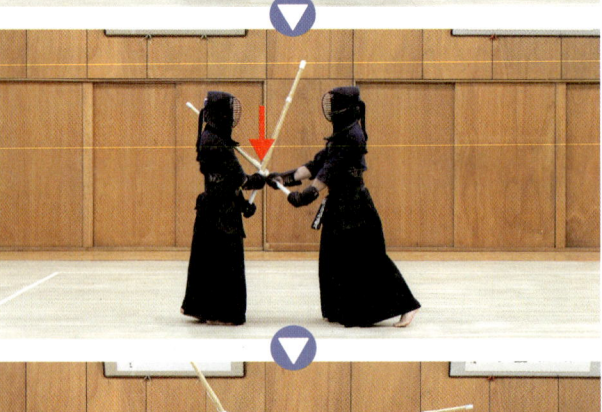

▌바른 자세로 코등이싸움을 한다.

▌상대의 손을 위에서 누른다.

▌상대가 손을 바로 하려고 밀어 올리는 힘을 이용해서 거리를 확보한다.

▌칼날을 바르게 해서 정확한 격자부로 오른 허리를 친다.

메뉴 100 선제공격 기술의 포인트

목적: 선제공격 전반에 걸쳐 공통된 한판을 얻기 위한 포인트를 배운다.

유의점

선제공격은 상대가 공격하려고 움직이는 순간을 포착해서 치는 것이다. 상대가 먼저 공격에 나서지만 상대의 움직임을 먼저 읽은 공격자가 더 빨리 상대를 쳐서 공격을 성공시키는 것이다.

■ 일족일도의 거리에서 자세를 취한다.

■ 언제라도 칠 수 있는 자세로 상대의 움직임을 유도한다.

■ 상대가 격자하기 위해 나오는 순간에 기술을 펼친다.

■ 결과적으로 상대보다 빨리 격자할 수 있다.

101 나오는 머리치기

목적 상대를 압박한 뒤 상대가 움직이려는 순간을 노려 머리를 친다.

유의점

나오는 머리치기는 상대가 공격하려 앞으로 나서는 만큼 서로의 거리가 가까워진다. 멀리서 치는 것이 아니라 가까이에서 더 빨리 정확하게 치는 마음가짐이 중요하다.

공격하는 쪽

▌일족일도의 거리에서 자세를 취한다.

▌기세와 죽도로 상대를 압박해서 움직임을 유도한다.

▌상대가 동작을 일으키는 순간을 노려 머리를 공격한다.

▌칼날을 바르게 해서 머리를 친다.

102 나오는 손목치기

목적 〉〉 상대를 압박한 뒤 상대가 움직이려는 순간을 노려 손목을 친다.

유의점

상대의 손이 올라가는 순간을 노려 펼치는 기술이다. 서로의 거리는 가까워지지만 기다렸다가 치는 것이 아니라 반드시 조금이라도 앞으로 나갔을 때 치도록 하자.

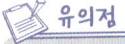

공격하는 쪽

■ 일족일도의 거리에서 자세를 취한다.

■ 기세와 죽도로 상대를 압박해서 움직임을 유도한다.

■ 상대가 공격하려고 다가온다.

■ 상대의 손이 올라갈 때 손목을 친다.

103 감는 기술의 포인트

목적 감는 기술 전반에 걸쳐 공통된 한판을 얻기 위한 포인트를 배운다.

유의점

상대의 죽도를 감아올릴 때는 자신의 죽도와 상대의 죽도를 밀착시켜 시계 방향으로 원을 그리듯이 칼끝을 움직인다.

바깥쪽에서 원을 그리듯이 상대의 죽도를 누른다.

오른쪽 위를 향해 죽도를 크게 감아올린다.

유의점

상대의 죽도를 감아 떨어뜨릴 때는 상대를 압박하면서 칼끝을 안쪽으로 돌려 오른쪽 아래를 향해 반원을 그리듯이 칼끝을 움직인다.

칼끝을 안쪽으로 돌려 상대의 죽도를 누른다.

반원을 그리듯이 오른쪽 아래를 향해 죽도를 강하게 감아 떨어뜨린다.

감아올려 머리치기

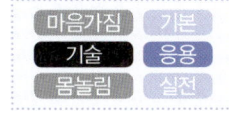

목적 상대의 죽도를 시계 반대 방향으로 감아올려 자세를 무너뜨린 뒤 머리를 친다.

유의점

감는 기술을 펼칠 때는 상대의 자세를 확실히 무너뜨려야 한다. 칼끝이 아니라 상대 죽도의 중간 부분을 감으면 상대의 자세가 흐트러지기 쉽다.

먼 거리에서 중심을 잡으면서 상대를 압박한다.

칼끝으로 시계 반대 방향으로 원을 그리면서 상대의 죽도를 감는다.

죽도를 크게 감아올려 상대의 자세를 무너뜨린다.

정면에서 칼날을 바르게 하여 머리를 친다.

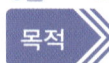
105 감아 떨어뜨려 머리치기

목적 반원을 그리듯이 상대의 죽도를 감아 떨어뜨려 자세를 무너뜨린 뒤 머리를 친다.

 유의점

상대의 죽도를 감아 떨어뜨릴 때는 칼끝을 상대의 오른쪽 아래를 향해 반원을 그리듯이 움직인다. 강하게 감아 떨어뜨려 상대의 자세를 완전히 무너뜨리자.

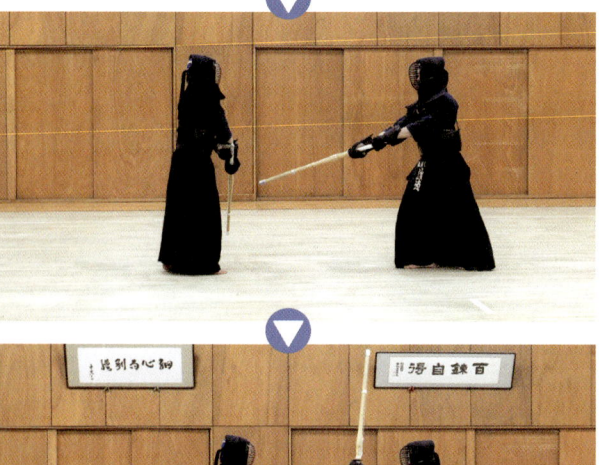

| 일족일도의 거리에서 칼끝을 밑에서 안쪽으로 돌린다.

| 오른쪽 아래를 향해 칼끝을 움직여 반원을 그리듯이 죽도를 감아 떨어뜨린다.

| 상대의 자세가 무너진 순간에 격자에 나선다.

| 정면에서 칼날을 바르게 하여 머리를 친다.

 ## 감아올려 손목치기

목적 죽도를 감아올려 상대가 자세를 바로잡기 전에 손목을 친다.

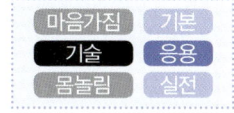

유의점

감아올려 손목치기를 할 때는 상대와의 거리가 중요하다. 감아올리는 동작은 크게, 그 후의 격자는 작게 해서 강하고 정확하게 손목을 치도록 하자.

일족일도의 거리에서 중심을 유지하면서 상대를 압박한다.

칼끝을 시계 반대 방향으로 원을 그리듯 움직여 상대의 죽도를 감는다.

죽도를 크게 감아올려 상대의 자세를 무너뜨린다.

상대가 자세를 바로잡기 전에 손목을 친다.

대응하는 기술의 포인트

목적 대응하는 기술 전반에 걸쳐 공통된 한판을 얻기 위한 포인트를 배운다.

유의점

대응하는 기술의 이상적인 방법은 상대가 기술을 펼치는 순간에 격자하는 것이다. 상대의 공격을 받아넘기는 것에서 끝내지 말고 언제라도 반격할 수 있는 자세로 응하는 것이 중요하다.

공격하는 쪽

| 일족일도의 거리에서 자세를 취한다.

| 상대를 압박해서 죽도 또는 몸을 움직이며 대응한다.

| 상대의 공격에 대한 대응과 격자가 하나로 연결된 동작이 되도록 한다.

108 스쳐올려치기 기술의 포인트

목적 스쳐올려치기 기술 전반에 걸쳐 공통된 한판을 얻기 위한 포인트를 배운다.

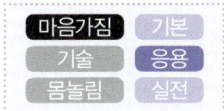

유의점

바깥 스쳐올리기는 상대의 격자를 죽도 왼쪽으로 받아낸 뒤 그대로 왼쪽 반원을 그리듯이 스쳐올리는 것이다. 상대 죽도의 중간 부분을 스쳐올리도록 하자.

| 바깥쪽에서 상대의 공격을 받아낸다.

| 칼끝으로 왼쪽 반원을 그리듯이 상대 죽도를 스쳐올린다.

유의점

안 스쳐올리기는 상대의 격자를 몸을 약간 앞 또는 왼쪽으로 움직이면서 죽도 오른쪽으로 받아내고 그대로 오른쪽 반원을 그리듯이 스쳐올리는 것이다.

| 안쪽에서 상대의 공격을 받아낸다.

| 칼끝으로 오른쪽 반원을 그리듯이 죽도를 스쳐올린다.

109 머리스쳐올려 머리치기

목적 죽도의 호(鎬)를 사용하는 법을 이해하고 상대의 머리를 죽도 왼쪽으로 스쳐올려 친다.

📝 **유의점**

칼끝으로 반원을 그리듯이 상대의 죽도를 스쳐올린다. 죽도가 반원의 정점에 이르면 그 상태에서 똑바로 칼날을 바르게 해서 내려친다.

▌먼 거리에서 자세를 취한다.

▌상대가 머리를 치도록 유도한다.

▌상대 죽도의 중간 부위를 죽도 왼쪽을 사용해 스쳐올린다.

▌칼날을 바르게 해서 정확히 머리를 친다.

손목스쳐올려 머리치기

목적 죽도의 호(鎬)를 사용하는 법을 이해하고 상대의 손목을 죽도 왼쪽으로 스쳐올려 머리를 친다.

유의점

상대의 움직임을 기다렸다가 스쳐올리면 격자가 늦다. 앞으로 나가면서 스쳐올리면 스쳐올리기와 격자가 연결된 하나의 동작이 된다.

■ 먼 거리에서 자세를 취한다.

■ 상대가 손목을 치도록 유도한다.

■ 오른발을 앞으로 내딛으면서 죽도 왼쪽으로 상대의 죽도를 스쳐올린다.

■ 칼날을 바르게 해서 정확히 머리를 친다.

111 손목스쳐올려 손목치기

목적 죽도의 호(鎬)를 사용하는 법을 이해하고 상대의 손목을 죽도 왼쪽으로 작게 스쳐올려 친다.

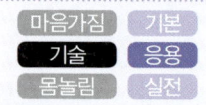

유의점

스쳐올려치기 기술은 상대가 기세 좋게 앞으로 나오면 서로의 거리가 금방 좁혀진다. 올바르고 정확하게 상대의 손목을 치기 위해 스쳐올리는 동시에 몸을 약간 왼쪽으로 움직여 격자하기 쉬운 거리를 맞추도록 한다.

■ 상대의 손목을 죽도 왼쪽으로 받아낸다.

■ 몸을 살짝 왼쪽으로 움직이며 죽도 왼쪽으로 상대의 죽도를 작게 스쳐올린다.

■ 손목의 스냅을 이용해서 상대의 손목을 친다.

찌름스쳐올려 머리치기

목적 상대의 찌름을 스쳐올려 막는 동시에 몸을 오른쪽으로 움직여 상대의 정면에서 머리를 친다.

■ 상대의 찌름을 죽도 왼쪽으로 받아낸다.

나쁜 예 상대의 찌름을 스쳐올릴 때는 다른 기술보다 작게 스쳐올리는 것이 중요하다. 똑바로 날아드는 죽도를 몸을 약간 오른쪽으로 움직이면서 작게 스쳐올린다. 동작이 크면 거리가 금방 좁혀지므로 주의하자.

■ 몸을 약간 오른쪽으로 움직이면서 작게 스쳐올린다.

■ 상대의 정면에서 머리를 친다.

113 받아치는 기술의 포인트

목적 받아치는 기술 전반에 걸쳐 공통된 한판을 얻기 위한 포인트를 배운다.

📝 **유의점**

상대의 기술을 죽도로 받아내고 빠르게 손을 돌려 격자한다. 받아내고, 돌리고, 치는 세 가지 동작을 가능한 한 하나의 동작으로 연결한다.

| 죽도 왼쪽을 사용해 가능한 한 앞에서 받아낸다.

| 몸을 빠르게 움직이는 동시에 손을 돌린다.

| 상대가 흐트러진 자세를 바로잡기 전에 격자한다.

머리받아 머리치기

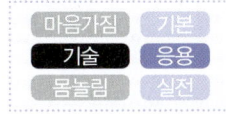

목적 손의 움직임을 의식하며 상대의 기술을 받아넘기면서 머리를 치기까지가 한 박자가 되도록 한다.

▌상대의 머리를 죽도 왼쪽으로 받아낸다.

나쁜 예 상대의 격자를 죽도의 안쪽 깊은 부분으로 받아내면 손을 돌려 격자하기가 어려워진다. 상대의 격자는 가능한 한 죽도의 바깥 끝 쪽 부분으로 받아내서 여유를 갖고 손을 돌릴 수 있는 거리를 유지하도록 하자.

▌몸을 왼쪽으로 움직이면서 손을 돌린다.

▌상대가 흐트러진 자세를 바로잡기 전에 머리를 친다.

메뉴 115 머리받아 허리치기

목적 손의 움직임을 의식하면서 상대의 기술을 받아낸 뒤 허리를 치기까지가 한 박자가 되도록 한다.

유의점

일반적으로 허리 기술은 몸을 오른쪽 앞으로 움직이면서 치는 경우가 많지만 머리받아 허리치기는 상대와의 거리를 가늠하면서 가능한 한 자신의 앞쪽으로 오른손을 돌려 허리를 친다.

먼 거리에서 자세를 취한다.

상대의 머리치기를 죽도 왼쪽으로 스쳐올리듯이 받아낸다.

몸을 오른쪽으로 움직이면서 오른손을 돌린다.

가능한 한 정면에서 오른 허리를 친다.

116 손목받아 머리치기

목적 칼끝이 커다란 원을 그리듯이 손을 돌려 연결된 하나의 동작으로 상대를 친다.

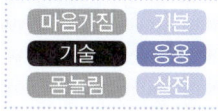

유의점

손목받아 머리치기는 칼끝을 약간 내리고 오른쪽으로 기울여서 상대의 기술을 받아낸다. 오른손을 바깥쪽으로 비트는 듯이 해서 칼끝을 벌리면 상대의 기술을 빠르게 받아낼 수 있다.

먼 거리에서 자세를 취한다.

몸을 왼쪽으로 움직이면서 칼끝을 내려 죽도 왼쪽으로 받아낸다.

칼끝이 커다란 원을 그리듯이 손을 돌린다.

상대가 흐트러진 자세를 바로잡기 전에 머리를 친다.

비켜치기 기술의 포인트

목적 ▶ 비켜치기 기술 전반에 걸쳐 공통된 한판을 얻기 위한 포인트를 배운다.

상대가 기술을 걸 때 한 발 물러나거나 혹은 몸을 비스듬히 움직여 허공을 치게 한다.

상대의 기술에서 비켜났으면 재빨리 공격한다.

나쁜 예

대응하는 기술의 요령은 상대의 공격을 받아넘기는 동작과 격자를 한 박자에 하는 것이다. 비켜치기 기술도 상대의 기술을 받아냈을 때 자세가 흐트러져 있으면 즉시 격자로 연결할 수 없다. 자세를 흐트러뜨리지 않은 상태에서 상대의 공격을 피할 수 있도록 의식하며 연습하자.

우ㅎ로 비켜 머리치기

목적 몸을 움직여 상대의 머리치기를 피한 다음 곧바로 머리를 친다.

공격하는 쪽

■ 먼 거리에서 자세를 취한다.

나쁜 예 상대의 기술을 피할 때는 목을 기울여 죽도를 피하거나 자세를 흐트러뜨리면서 피하는 것이 아니라 몸 전체를 이용해서 피하자. 몸 전체로 피하면 상대의 기술을 피한 후 곧바로 공격으로 돌아가 상대를 칠 수 있다.

■ 몸을 오른쪽 앞으로 움직여 상대의 머리치기를 피한다.

■ 상대의 정면에서 머리를 친다.

한 발 빼서 비켜 머리치기

목적 ▷ 몸을 뒤로 빼서 상대의 머리치기를 피하고 곧바로 머리를 친다.

■ 먼 거리에서 자세를 취한다.

나쁜 예 상대의 기술을 한 발 물러서면서 비켜날 때는 몸이 뒤로 젖혀지지 않도록 주의해야 한다. 허리를 의식하면서 몸을 수평으로 움직이면 바른 자세를 유지한 채 상대의 공격을 피할 수 있다. 그러면 이어서 하나의 연결된 동작으로 상대를 격자하기 쉽다.

■ 왼발을 한 발 물러서며 상대의 기술을 피한다.

■ 곧바로 왼발을 밀어 차면서 상대의 머리를 친다.

머리비켜 허리치기

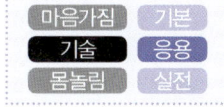

목적 상대가 머리를 공격해 오는 동시에 몸을 움직여 스쳐 지나듯이 허리를 친다.

유의점

서로 앞으로 나가서 치는 기술이기 때문에 거리가 매우 가까워진다. 바르고 정확하게 격자 부위를 칠 수 있도록 몸을 오른쪽 앞으로 살짝 움직인다.

공격하는 쪽

▎먼 거리에서 자세를 취한다.

▎상대가 머리를 공격하도록 유도한다.

▎자신이 먼저 공격을 건다는 기백으로 동작을 한다.

▎상대가 양팔을 뻗을 때 칼날을 바로 해서 허리를 친다.

121 손목비켜 머리치기

목적 〉〉 상대의 손목을 손을 크게 위로 들어 피하고 상대의 손이 본래 자세로 되돌아가기 전에 머리를 친다.

▌먼 거리에서 자세를 취한다.

나쁜 예 손목을 피할 때는 왼손을 자신의 이마 앞까지 높이 올린다. 왼손을 앞으로 내밀면서 피하면 상대에게 손목을 맞기 쉽다. 상대의 공격을 피하는 동시에 재빨리 공격으로 돌아서 한 박자에 격자하도록 하자.

▌손을 크게 올려 상대의 손목을 피한다.

▌상대의 공격을 피하는 동시에 머리를 친다.

122 손목비켜 손목치기

목적 칼끝을 내려 손목을 살짝 피한 뒤 상대가 허공을 친 반동으로 손이 제자리로 올라가는 순간에 친다.

유의점

손목비켜 손목치기 기술에서 중요한 것은 몸의 움직임이다. 왼쪽 뒤로 비스듬히 몸을 움직여 상대와의 거리를 충분히 확보한 뒤에 손목을 치도록 하자.

먼 거리에서 자세를 취한다.

몸을 왼쪽 뒤로 비스듬히 움직이고 칼끝을 내려 상대의 손목을 피한다.

허공을 친 반동으로 상대의 손목이 올라간다.

상대의 정면에서 칼날을 바르게 하여 손목을 친다.

123 죽도를 떨쳐내는 기술의 포인트

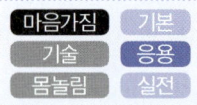

목적 떨치는 기술 전반에 걸쳐 공통된 한판을 얻기 위한 포인트를 배운다.

유의점

떨치는 기술은 죽도를 위에서 쳐서 떨쳐내어 상대의 자세를 무너뜨리는 것이다. 상대의 죽도를 확실히 떨쳐내고, 떨치는 기술과 격자를 하나의 동작으로 연결해서 연습하도록 하자.

몸을 움직이면서 상대 죽도의 중간 부분을 쳐서 떨쳐낸다.

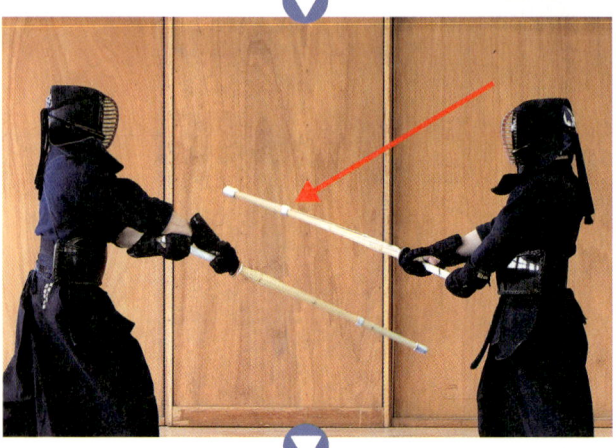

죽도를 확실히 떨쳐내서 상대의 자세를 무너뜨린다.

상대가 자세를 바로잡기 전에 격자한다.

허리떨쳐 머리치기

목적 상대의 죽도를 쳐서 떨쳐내어 자세를 무너뜨린 뒤, 상대가 흐트러진 자세를 바로잡기 전에 머리를 친다.

유의점

떨쳐내는 기술은 상대의 정면에서 행한다. 왼손이 몸의 중심에서 벗어나지 않도록 하고 상대의 죽도를 확실히 떨쳐내도록 하자.

상대가 허리를 공격하러 나오는 순간을 노려 몸을 왼쪽 뒤로 비스듬히 움직인다.

상대 죽도의 중간 부분을 쳐서 떨쳐낸다.

상대의 죽도를 떨쳤으면 곧바로 머리를 공격하러 들어간다.

떨쳐내기와 머리치기를 두 박자에 하는 것이 아니라 하나의 동작으로 연결한다.

125 손목떨쳐 머리치기

목적 상대의 손목을 앞으로 나가 떨쳐내고 곧바로 한 박자에 머리를 친다.

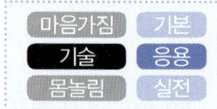

유의점

손목떨쳐 머리치기는 상대의 손목을 왼쪽 대각선 위에서 오른쪽 아래를 향해 죽도를 쳐서 떨쳐낸다. 앞으로 나갈 때 몸을 살짝 왼쪽으로 움직이면 상대의 죽도를 떨쳐내기 쉽다. 떨쳤으면 즉시 상대의 머리를 치자.

▌상대가 손목을 치러 나오는 순간에 약간 앞으로 나가면서 죽도를 떨쳐낸다.

▌죽도를 떨쳐냈으면 곧바로 머리를 공격하러 들어간다.

▌상대가 흐트러진 자세를 바로잡기 전에 머리를 친다.

머리떨쳐 머리치기

목적 상대의 머리를 위에서 쪼개듯이 죽도를 쳐서 떨쳐 내고 머리를 친다.

유의점

머리떨쳐 머리치기는 매우 어려운 기술이다. 처음에는 몸을 살짝 오른쪽으로 움직여 치는 연습을 통해 격자 감각을 익힌 뒤 서서히 정면에서 쳐서 떨쳐내도록 하자.

▎상대가 머리를 치러 나오면 죽도를 크게 들어 올린다.

▎상대의 중심을 쪼개는 듯한 기분으로 죽도를 쳐서 떨쳐낸다.

▎그대로 칼날을 바르게 해서 정확히 머리를 친다.

127 상단 기술의 포인트

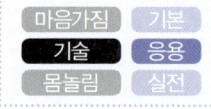

목적 상단 기술 전체에 걸쳐 공통된 한판을 얻기 위한 포인트를 배운다.

유의점

상단세는 '불의 자세'라고도 불릴 정도로 공격적이다. 절대 물러서지 말고, 몸을 사리지도 말고 공격에 나서 강한 기백으로 상대와 마주하도록 하자.

▌강한 기백으로 상대와 마주한다.

유의점

상단세에는 다양한 한 손 기술이 있지만 한 손으로 죽도를 다루기란 쉬운 일이 아니다. 상단세를 배우려는 사람은 한 손으로 죽도를 자유자재로 다룰 수 있도록 허공치기와 트레이닝에 힘써야 한다.

▌상단세에서는 한 손 기술이 다양해진다.

상단세에서 양손 머리치기

목적 상단의 기본 기술이다. 거리를 의식하며 정확히 상대의 머리를 치도록 한다.

유의점

거리를 좁힐 때 손목을 공격하려는 듯한 움직임을 보이면 상대는 손목을 경계하여 칼끝을 오른쪽으로 벌린다. 그러면 즉시 오른발을 구르며 양손으로 빈틈이 생긴 머리를 친다.

▌ 서로 자세를 취한다.

▌ 기회를 노려 단숨에 거리를 좁힌다.

▌ 오른발을 구르며 양손으로 상대의 머리를 친다.

129 상단세에서 한 손 머리치기

목적 상단의 기본적인 기술이다. 양손 머리치기보다 먼 거리에서 상대방을 칠 수 있다.

유의점

한 손 머리치기는 가장 일반적인 상단 기술이다. 거리의 이점을 살려 상대가 칠 수 없는 먼 거리에서 공격하도록 하자.

공격하는 쪽

▌ 서로 자세를 취한다.

▌ 기회를 노려 단숨에 거리를 좁힌다.

▌ 죽도를 쥐고 있던 오른손을 놓는다.

▌ 한 손으로 머리를 친다.

130 상단세에서 양손 손목치기

목적 상단세에서 양손으로 상대의 손목을 치는 기술이다. 상대가 머리를 경계하도록 하여 손목을 친다.

유의점

거리를 좁힐 때 머리를 치려는 듯한 움직임을 보여주면 상대는 머리를 방어하려고 손을 올린다. 그러면 그 순간을 노려 즉시 오른발을 구르며 양손으로 빈틈이 생긴 손목을 친다.

▎서로 자세를 취한다.

▎기회를 노려 단숨에 거리를 좁힌다.

▎상대가 손을 올리는 순간에 양손으로 손목을 친다.

상단세에서 한 손 손목치기

목적 상단의 기본적인 기술이다. 한 손 머리치기보다 먼 거리에서 상대를 칠 수 있다.

유의점
한 손 손목치기는 중단세인 상대가 공격할 수 없는 먼 거리에서 격자할 수 있다. 상단의 공격적인 마음가짐을 잊지 말고 격자할 때는 한판을 얻겠다는 마음으로 치자.

▮ 서로 자세를 취한다.

▮ 기회를 노려 거리를 좁힌다.

▮ 머리를 칠 듯 움직여서 상대가 손을 들면 재빨리 손목으로 바꾼다.

▮ 한 손으로 손목을 친다.

상단세에서 오른쪽 허리치기

목적 〉 상단세에서 머리를 치려는 듯한 기색을 보여주고 오른쪽 허리를 친다. 기습적인 역할이 강한 기술이다.

유의점

상단세의 기술은 머리와 손목이 대부분이므로 허리 공격에 대한 경계심이 약하다. 머리를 칠 것처럼 해서 상대가 손을 들게 한 뒤 즉시 손을 돌려 허리로 바꿔 공격한다.

▌ 서로 자세를 취한다.

▌ 기회를 노려 단숨에 거리를 좁힌다.

▌ 상대가 머리를 방어하려고 손을 드는 순간, 재빨리 허리로 바꿔 공격한다.

상단세에서 왼쪽 허리치기

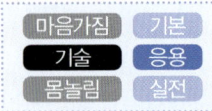

목적 상단세에서 머리를 치려는 듯한 기색을 보여주고 왼쪽 허리를 친다. 기습적인 역할이 강한 기술이다.

유의점

상단세에서의 왼쪽 허리치기는 오른쪽 허리치기보다 기습적인 역할이 더욱 강하다. 격자한 뒤에는 방심하지 말고 그대로 물러서 상대와의 거리를 충분히 확보한 뒤 존심을 나타내자.

▎기회를 노려 단숨에 거리를 좁힌다.

▎상대가 머리를 방어하려고 손을 드는 순간, 재빨리 오른손을 돌린다.

▎왼쪽 뒤로 비스듬히 몸을 움직이면서 상대의 왼쪽 허리를 친다.

제4장

검도 수련법

검도 수련은 검도의 기술을 바르게 습득시켜 기능을 높여주는 효과가 있다.
고도의 세련된 기술도 기본이 쌓인 가운데 이루어진다는 점을 명심하며 수련하자.

죽도를 쥐지 않은 상태에서 허공치기

목적 죽도를 쥐지 않은 상태에서 허공치기를 하여 올바른 몸의 움직임을 익힌다.

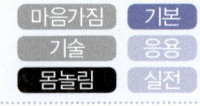

 **유의점**

죽도를 쥐지 않은 상태에서 허공치기를 하면 어깨의 움직임을 익힐 수 있다. 죽도를 쥐면 아무래도 휘두르는 동작에 집중하기 마련이다. 먼저 죽도를 잡지 않은 상태에서 허공치기를 연습해서 어깨를 사용하는 감각을 충분히 익히자.

1 물을 뜨는 것처럼 양손 옆을 붙인다.   **2** 그대로 팔을 들어 올린다.

3 머리 위까지 들어 올린 뒤 두 손을 합장한다.   **4** 허공치기 요령으로 손을 내린다.   **5** 다 내린 뒤 멈춘다.

하단세의 허공치기

목적: 하단세에서 크게 허공치기를 해서 허리가 안정된 격자 감각을 익힌다.

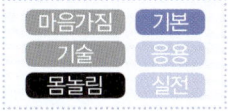

유의점

허리가 안정된 격자는 검도를 배우는 모든 사람이 추구해야 할 기본이다. 하단세에서 몸 전체를 이용해서 죽도를 들어 올려 안정된 격자 감각을 익힐 수 있다.

하단세를 취한다.

허리부터 몸 전체를 이용해서 죽도를 들어 올린다.

상대가 있다고 가정하고 머리를 친다.

157

무거운 목검으로 허공치기

목적 무거운 목검으로 허공치기를 하여 검도에 필요한 근력을 키운다.

유의점

무거운 목검을 이용해서 어깨와 등 근육 등 상반신을 주로 단련한다. 지나치게 무거운 목검을 사용하면 오히려 죽도를 잡는 손의 모양이 나빠질 수 있으므로 상황에 따라 구분해서 사용하자.

| 머리를 칠 듯 움직여서 상대가 손을 들면 재빨리 손목으로 바꾼다.

가벼운 목검으로 허공치기

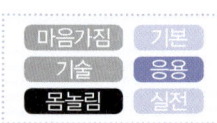

목적 가벼운 목검을 사용함으로써 칼날과 죽도 파지법을 의식한 허공치기를 할 수 있다.

유의점

가벼운 목검을 사용한 허공치기는 칼날의 올바른 사용법과 죽도 파지법을 익히는 데 매우 효과적이다.

| 죽도보다 가벼운 목검을 이용해서 허공치기를 한다.

거울을 보며 허공치기

목적 거울을 보며 자세와 몸의 균형을 확인하면서 허공치기를 한다.

거울을 보면서 자세와 칼날의 위치 등을 확인한다.

유의점

거울에 비친 모습은 현재 자신의 실력을 꾸밈없이 드러낸다. 빈틈없는 자세를 취할 수 있게 되면 경기나 연습에서 만나는 상대도 같은 인상을 받게 될 것이다.

139 양손을 붙여 죽도 휘두르기

목적 양손을 붙여서 죽도를 잡고 정확한 격자 감각을 익힌다.

 유의점

양손을 붙여 손목의 스냅을 이용해 죽도를 휘두르면 힘이 정확하게 전달되는 감각을 알 수 있다. 그 감각을 몸으로 충분히 익혔다면 본래 자세로 돌아가 죽도를 휘둘러 보자.

▎양손을 붙여 죽도를 잡는다.

▎그 상태에서 죽도를 들어 올린다.

▎양 손목의 스냅을 이용해서 죽도를 휘두른다.

앉은 자세에서 걷기

목적: 앉은 자세를 유지하면서 걸으면 다리와 허리가 단련되어 자세가 안정된다.

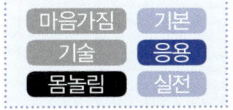

유의점

걷는 속도는 빠르지 않아도 좋다. 자세가 흐트러지지 않도록 스쳐 걷는다. 왼손이 중심에서 벗어나지 않도록 한다.

▌ 죽도를 쥐고 앉은 자세를 취한다.

▌ 왼손의 위치를 유지한 상태에서 오른발을 내딛는다.

▌ 왼발을 내딛는다.

▌ 교대로 다리를 내딛으며 걷는다.

앉은 자세에서 뛰어올라 머리치기

목적 앉은 자세에서 뛰어오르면 다리와 허리가 단련되고 순발력이 좋아진다.

유의점

이 수련은 몸 전체를 사용하기 때문에 근력을 크게 사용한다. 조금씩 횟수를 늘려가면서 해보자.

■ 죽도를 잡고 앉은 자세를 취한다.

■ 몸 전체를 이용해 죽도를 들어 올리면서 뛰어오른다.

■ 뛰어오른 정점에서 죽도를 내려친다.

■ 자세를 유지한 채 착지한다.

142 죽도를 쥐지 않은 상태에서 머리치기

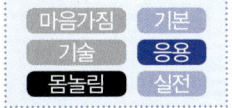

목적 〉 죽도를 쥐지 않은 상태에서 앞으로 나가 머리를 친다. 상대 쪽으로 들어가는 감각을 익힌다.

 유의점

죽도를 쥐지 않은 상태에서는 상대의 바로 눈앞까지 나아갈 수 있으므로 실제 격자에 가까운 감각을 익힐 수 있다.

▌ 양손을 모으고 자세를 취한다.

▌ 멀리뛰기를 하는 기분으로 양손을 뒤로 뻗는다.

▌ 오른발을 구르며 상대 쪽으로 들어간다.

▌ 모은 두 손을 상대의 얼굴 앞까지 가져간다.

제자리에서 뛰어올라 허공치기

목적 뛰어오른 순간에 죽도를 들어 올렸다 내려쳐서 격자 속도를 높인다.

 **유의점**

다리와 허리를 단련하면서 빠른 죽도 들어 올리기와 내려치기를 익힐 수 있다. 정면이나 좌우 머리 등 다양하게 연습하자.

1 중단세를 취한다.

2 자세를 낮춘다.

3 과감하게 제자리에서 뛰어오른다.

4 뛰어오른 정점에서 죽도를 들어 올린다.

5 착지하기 전에 죽도로 내려친다.

연격의 포인트

목적 연격의 습득 과정과 그 목적을 알고 연격의 중요성을 확인한다.

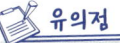

연격은 기술의 습득뿐만 아니라 기력의 단련과 나쁜 버릇의 교정 및 예방 등에도 효과가 있다. 준비운동이라는 생각을 버리고 검도 실력을 한 단계 상승시키는 중요한 수련으로써 긴장을 늦추지 말고 연습하자.

연격을 통해 자세, 격자, 발 운용법 등 검도에 필요한 기술을 종합적으로 배울 수 있다.

긴장을 늦추지 말고 격자를 올바르게 행하면 연격의 효과가 더욱 높아진다.

 ## 145 어깨 · 팔꿈치 · 손목을 의식한 연격

목적: 어깨·팔꿈치·손목을 의식한 연격을 통해 격자의 정확성을 높인다.

유의점

어깨·팔꿈치·손목을 의식하며 죽도를 휘두르면 빠르고 날카로운 격자를 익힐 수 있다. 받아주는 쪽은 죽도를 부드럽게 움직여 좌우 머리를 받아주자.

 공격하는 쪽

어깨를 의식하면서 죽도를 크게 들어 올린다.

어깨에서 죽도를 내린다.

손목을 의식하면서 격자 부위를 정확히 친다.

받아주는 쪽은 격자를 부드럽게 받아내고 공격하는 쪽은 손목을 사용해서 친다.

걸음 폭을 넓게 한 연격

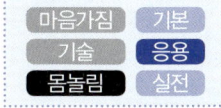

목적 걸음 폭을 넓게 한 연격을 통해 기검체가 일치된 감각을 익힌다.

유의점

상반신과 하반신은 함께 움직인다. 하반신을 크게 사용하면 상반신의 움직임도 저절로 커져 기검체가 일치된 격자 감각을 익힐 수 있다.

머리를 친다.

받아주는 쪽은 뒤로 크게 물러나고, 공격하는 쪽은 걸음 폭을 넓게 해서 죽도를 크게 들어 올린다.

손을 돌려 왼발을 끌어당기면서 죽도를 내려친다.

기검체 일치를 의식하면서 머리를 친다.

147 견갑골을 의식한 연격

목적: 견갑골을 의식하면서 연격을 하면 격자에 속도와 예리함이 생긴다.

| 견갑골을 충분히 움직이면서 죽도를 들어 올린다.

| 견갑골을 크게 움직이면 격자에 속도와 예리함이 붙는다.

유의점

견갑골을 충분히 움직이면서 격자를 하면 죽도를 들어 올리는 속도와 내려치는 속도가 저절로 빨라지고 격자의 힘도 강해진다. 어깨를 크게 사용한 연격을 반복하면 견갑골을 사용한 격자를 익힐 수 있다.

보통 연격 시의 견갑골

기본 수련의 흐름

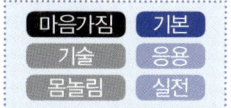

목적 검도의 일반적인 수련의 흐름을 익혀 자신에게 적합한 수련법을 조합할 수 있도록 한다.

┃ 기본 수련은 매회 목표를 정하고 실시하면 효과적이다.

유의점

검도 수련의 종류는 그리 많지 않다. 오히려 정해진 수련을 계속 반복하는 것이 검도 수련의 본래 의미와 가깝다고 할 수 있다. 검도 실력을 쌓는 최고의 방법은 기본 수련을 열심히 반복하는 것이다. 누구나 다양한 기술을 보이며 이기고 싶겠지만 모든 기술은 기본 수련을 거듭함으로써 이루어진다. 검도의 수련은 고되고 힘들다. 그러나 그 고통을 극복했을 때 비로소 검도 실력은 향상된다. 평소의 수련을 가볍게 여기지 말고 항상 목표를 정해서 새로운 마음으로 수련에 임하면 수련한 시간만큼 검도 실력도 향상된다.

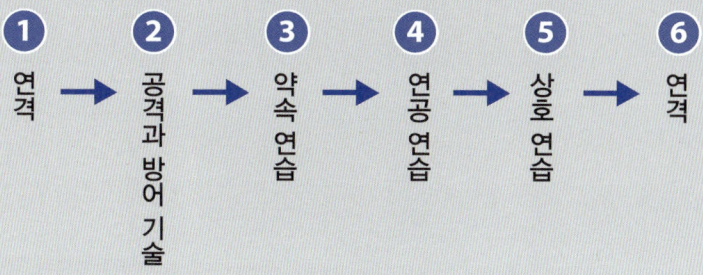

① 연격 → ② 공격과 방어 기술 → ③ 약속 연습 → ④ 연공 연습 → ⑤ 상호 연습 → ⑥ 연격

먼 거리에서 치는 연습

목적 ▶ 먼 거리에서 치는 연습을 반복해서 자세가 흐트러지지 않은 격자를 익힌다.

📝 **유의점**

무리하게 격자 부위를 맞추려고 하면 자세가 흐트러져 손으로 치게 되기 쉽다. 중요한 것은 격자 부위에 닿지 않더라도 자세를 흐트러뜨리지 않는 것이다.

▌먼 거리에서 자세를 취한다.

▌왼발을 움직이지 않은 채 죽도를 크게 들어 올린다.

▌자세가 흐트러지지 않도록 허리부터 몸 전체가 앞으로 나간다.

▌격자가 정확히 맞지 않아도 자세를 흐트러뜨리지 않는다.

150 공세를 의식한 기본 연습

목적 공세의 마음가짐으로 연습에 임하면 실전에 더욱 가까운 감각으로 기본 수련을 할 수 있다.

유의점

기본 연습에서는 받아주는 쪽이 빈틈을 보여줄 때까지 기다려서는 실전으로 이어지기 힘들다. 긴장을 늦추지 말고 상대를 압박해 들어가서 치면 늘 실전에 가까운 감각을 익힐 수 있다.

공격하는 쪽

■ 상대를 압박하면서 거리를 좁힌다.

■ 왼발을 끌어당긴다.

■ 곧바로 격자 자세에 들어간다.

■ 머리를 친다.

메뉴 151 상대의 움직임을 유도하는 기본 연습

목적: 상대의 움직임을 유도해 빈틈을 만들면 더욱 실전에 가까운 감각으로 기본을 연습할 수 있다.

유의점

공격하는 마음가짐으로 임하는 기본 연습과 요점은 같다. 상대의 움직임을 유도해서 빈틈을 만든 후 격자한다. 긴장을 늦추지 않고 수련하면 실전에 가까운 감각을 익힐 수 있다.

칼끝을 낮춰 압박하면서 상대의 움직임을 유도한다.

상대가 죽도를 누르려고 칼끝을 내린다.

곧바로 격자 자세에 들어간다.

상대가 자세를 바로잡기 전에 친다.

공격이 정확히 들어갈 때까지 연속 공격

목적 공격이 정확히 들어가지 않았을 때는 계속해서 연속 공격한다.

유의점

기본 연습 중에도 기술이 정확히 들어가지 않았다고 느꼈으면 계속해서 연속 공격한다. 상대와 공방을 계속 주고받으면 항상 긴박감 넘치는 수련에 임할 수 있다.

공격하는 쪽

■ 격자가 상대에게 막힌다.

■ 곧바로 거리를 좁혀 몸받음을 한다.

■ 상대의 자세를 흐트러뜨린다.

■ 퇴격머리를 친다.

 **약속 연습**

목적 받아주는 쪽(상급자)이 만들어주는 격자의 기회를 빠르게 포착해서 기본 기술을 익히는 수련법이다.

▌받아주는 쪽이 격자 부위에 틈을 만들어주면 순식간에 친다. 다채로운 기술을 조합해서 연습하면 효과적이다.

유의점

상급자와의 기술 연습은 받아주는 쪽인 상급자가 격자의 기회를 만들어주고 공격하는 쪽이 그 기회를 포착하여 빠르게 치는 수련법이다. 격자 부위를 크고 정확하게 쳐서 칼날과 발 운용법, 몸놀림 등을 종합적으로 배울 수 있다.
초심자는 먼저 가까운 거리에서 확실히 치는데 중점을 두고, 익숙해지면 서서히 거리를 넓혀가자. 모든 격자에서 기검체 일치를 목표로 하고 몸받음이나 연속 기술, 퇴격 기술 등도 조합하여 수련이 단조로워지지 않도록 한다. 공격하는 쪽은 충실한 기세와 올바른 몸놀림으로 받아주는 쪽이 만들어주는 기회를 놓치지 말고 언제라도 격자할 수 있는 자세를 갖추어야 한다.

① 격자 부위를 크고 정확히 친다.
② 다채로운 기술을 조합한다.
③ 처음에는 가까운 거리에서 시작하여 서서히 거리를 넓혀간다.
④ 모든 격자에 기검체 일치를 목표로 한다.
⑤ 격자 후에는 반드시 존심을 나타낸다.

약속 연습
받아주는 쪽의 포인트

목적 공격하는 쪽의 실력을 판단해서 적절한 거리로 올바른 기회에 격자 부위를 보여준다.

유의점

받아주는 쪽은 격자 부위를 크게 열어주지 않는다. 기회를 보아 작게 틈을 보여서 공격하는 쪽이 격자 기회를 잡는 방법을 터득할 수 있도록 하자.

평소 격자 부위를 보여 주는 방법

| 격자 부위를 크게 보여주지 말고 공격하는 쪽이 격자할 수 있을 만큼만 틈을 보여준다.

약속 연습
공격하는 쪽의 포인트

목적 충실한 기세로 격자 기회를 민감하게 탐지해서 큰 기술로 격자 부위를 정확히 친다.

유의점

격자 후의 존심은 한판의 필수 조건이다. 상급자와의 기술 연습에서도 긴장감을 늦추지 말고 격자한 후에는 반드시 존심을 나타내고 다음의 격자 기회를 엿보자.

| 충실한 기세로 큰 기술로 친다.

| 칼날과 몸놀림을 의식하면서 격자 부위를 정확하고 확실하게 친다.

 156 연공 연습

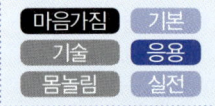

목적 공격하는 쪽이 받아주는 쪽의 체력이 계속되는 한 공격해서 기력과 체력을 키우는 수련이다.

공격하는 쪽은 적극적으로 기회를 노려 공격한다. 받아주는 쪽은 올바른 격자가 아니면 막아낸다.

유의점

공격 연습은 단시간 동안 체력이 다할 때까지 기술을 펼치며 계속 공격하는 수련법이다. 검도 수련 중에서도 매우 고된 수련에 속한다고 할 수 있다. 연공 연습과 상급자와의 기술 연습은 언뜻 비슷해 보이지만 내용에는 상당한 차이가 있다. 상급자와의 기술 연습에서는 받아주는 쪽이 주도하여 기술을 이끌어가는 반면 공격 연습은 공격하는 쪽이 적극적으로 격자 기회를 찾는다.

공격하는 쪽이 구사하는 기술 중에는 거리와 기회가 적정하지 않은 것도 있다. 그때는 받아주는 쪽이 격자를 피하거나 막아서 공격하는 쪽에게 올바른 격자가 아니라는 사실을 깨닫게 해준다. 받아주는 쪽과 공격하는 쪽이라는 역할은 존재하지만 서로 마음이 맞아 수련하면 더욱 효과적이다.

1. 적극적으로 격자 기회를 찾는다.
2. 기력과 체력이 계속되는 한 다양한 기술을 구사하며 계속 공격한다.
3. 기검체 일치의 격자가 되도록 한다.
4. 받아주는 쪽은 올바른 격자가 아니면 막아낸다.
5. 서로 빈틈이 보이면 친다.

연공 연습
받아주는 쪽의 포인트

목적 공격하는 쪽을 이끌어 기술 전반 및 기력과 체력을 키워준다.

유의점

공격하는 쪽의 기술이 올바르면 치게 하지만 그렇지 않으면 피하는 등 공격하는 쪽을 이끌어간다. 공격하는 쪽에게도 엄하게 하지만 자신에게도 더욱 엄하게 하여 수련에 임하자.

| 공격하는 쪽의 올바르지 않은 격자는 막거나 피한다.

| 틈이 보이면 받아주는 쪽도 적극적으로 공격하여 친다.

연공 연습
공격하는 쪽의 포인트

목적 적극적으로 격자 기회를 찾아 체력이 계속되는 한 공격을 멈추지 않는다.

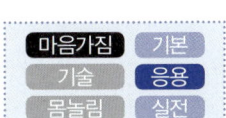

1 적극적으로 기술을 펼친다.

2 격자 후에도 긴장을 늦추지 말고 곧바로 다음 기술에 대비한다.

3 쉴 틈 없이 기술을 펼친다.

유의점

공격하는 쪽은 맞고 싶지 않다는 마음을 버리고, 전력을 다해 계속 기술을 펼친다. 힘들어도 꺾이지 않는 강한 마음가짐으로 임하도록 하자.

159 상호 연습

목적 맞는 것에 대한 두려움을 버리고 적극적으로 기술을 펼쳐 실전 감각을 익힌다.

▍적극적으로 기술을 주고받아야 서로의 검도 실력이 향상된다.

유의점

상호 연습은 실력이 비슷한 이들끼리 경기에 가까운 형태로 실시하는 수련을 말한다. 또한 실력에 차이가 있더라도 실력이 뛰어난 쪽이 그렇지 못한 쪽과 대등하다고 생각하며 수련을 하면 그것도 상호 연습이다. 상호 연습은 평소의 수련 성과를 발휘하는 장이기도 하다. 서로가 갖고 있는 실력을 충분히 발휘하면 수련의 효과는 더욱 높아진다. 맞는 것을 두려워하지 말고 오히려 적극적으로 기술을 펼쳐보자. 상호 연습 중에서 한판은 모두 스스로가 판정한다. 친 것에 대해서는 자만하지 말고, 맞은 것에 대해서는 반성하며 다음 수련의 양식으로 삼아보자.

① 스스로 먼저 기술을 건다.
② 맞는 것을 두려워하지 않는다.
③ 첫 칼을 중요시한다.
④ 실력에 상관없이 대등한 마음으로 연습한다.
⑤ 어디까지나 연습이라는 점을 명심한다.

첫 칼을 중요시한다

목적 첫 칼을 중요시하면 수련에 긴장감이 생겨 충실히 임할 수 있다.

유의점
경기나 상호 연습 속에서 첫 격자는 중요한 의미를 갖는다. 첫 칼을 중요시하면 수련에 긴장감이 생겨 상호 연습과 경기의 내용이 충실해진다.

첫 칼은 충분히 시간을 두고 치도록 한다.

맞는 것을 두려워하지 않는다

목적 서로가 적극적으로 기술을 펼치면 공방이 더욱 충실해진다.

유의점
수련을 하다 보면 아무래도 맞고 싶지 않다는 기분이 앞서기 마련이다. 그러나 맞으며 배우는 경우가 많기 때문에 맞는 것을 두려워하지 말고 수련에 임하자.

상대에게 맞는 것은 향후 수련의 지침이 된다.

경기 연습

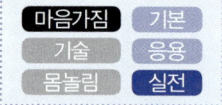

목적 심판을 두고 실제 경기에 가까운 형태로 실시하는 수련이다.

▎심판을 두고 실제 경기와 동일하게 실시한다.

▎경기 연습은 경기가 아니라 연습이므로 여러 가지 기술을 시도해 본다.

유의점

실제로 심판을 두고 경기 연습을 하며 경기 감각을 키운다. 경기를 전제로 한 것이지만 승패에 상관없이 서로가 지금까지 연습한 모든 것을 발휘하도록 하자.

메뉴 163

선을 취하는 연습법

마음가짐 | 기본 | 기술 | 응용 | 몸놀림 | 실전

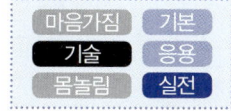

목적 선을 취해 상대보다 우위의 입장에서 경기와 연습을 펼칠 수 있다.

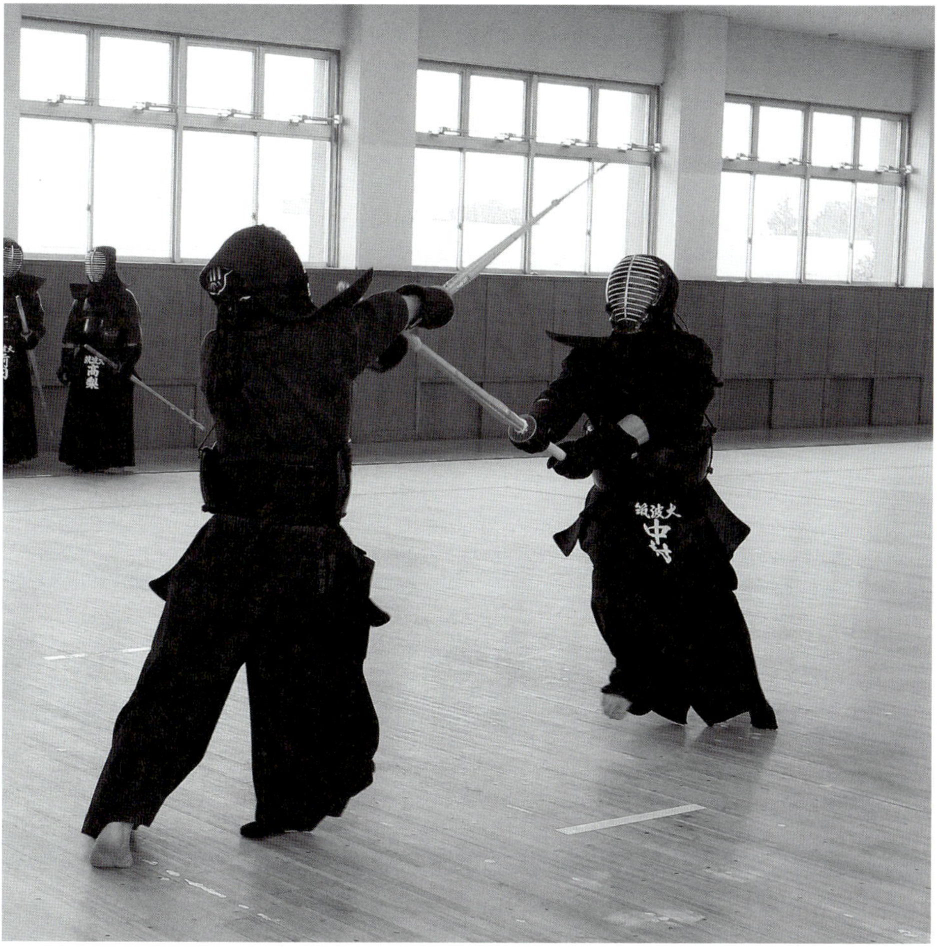

서로 선제공격 기회를 노리며 친다.

유의점

❶ 선을 취한다는 것은 상대의 공격을 사전에 막고 기술을 펼쳐 공격하는 것을 말한다. 검도에서는 선제공격이 매우 중요하다. 대련 시 선을 취할 수 있다면 빨리 성장할 수 있다. 항상 상대의 한 수 앞을 읽어 여유 있는 검도를 할 수 있도록 하자.

❷ 선을 취하는 연습법의 목적은 서로가 먼저 치기 위해 공세를 취하고 한판을 딸 때까지 계속 격자함으로써 선제공격의 감각을 몸으로 익히는 것이다. 두 사람이 한 조가 되어 신호와 함께 앞으로 나가 친다. 연공 연습과는 달리 확실히 압박해 들어가서 치도록 주의하자.

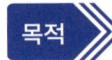

메뉴 164 시간이 얼마 안 남았을 때 한판을 따는 연습

마음가짐 기본
기술 응용
몸놀림 실전

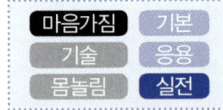

목적 한판을 만회해야 할 상황을 만들어 사전에 연습한다.

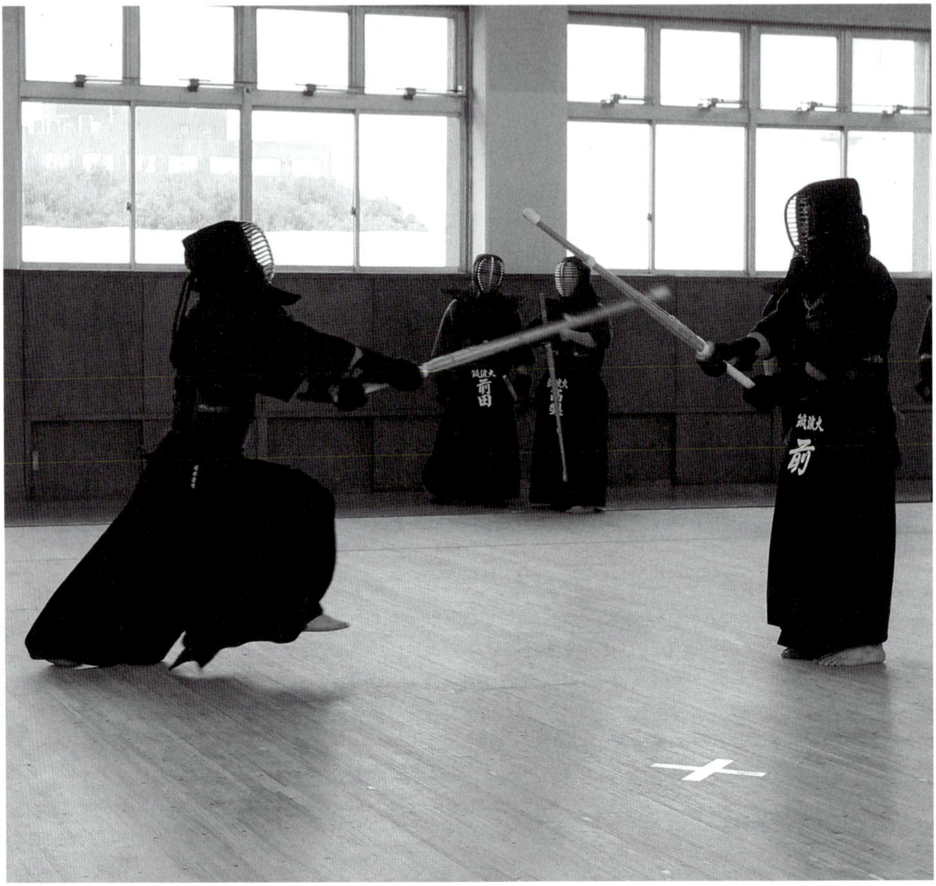

수비에 집중하는 상대에게 어떻게 한판을 얻을 지 연구한다.

유의점

❶ 자신이 곤경에 처한 상황을 가정해서 연습하는 것은 매우 의미 있는 일이다. 구체적인 상황을 설정해서 연습하면 실전에서 비슷한 상황이 되었을 때 동요하지 않고 침착하게 대응할 수 있다. 특히 경기는 시간이 정해져 있다. 얼마 남지 않은 시간에 반드시 한판을 만회해야 하는 상황은 흔히 발생하므로 사전에 대응법을 연구하자.

❷ 두 사람이 한 조가 되어 한 사람은 한판을 만회하려고 공격하고 다른 한 사람은 한판을 주지 않고 지키는 상황을 만들어 수련한다. 남은 시간을 30초로 설정하고, 실제 경기라고 여기고 진지한 자세로 임한다. 공격하는 쪽은 계속 격자하는 중에서도 상대의 틈을 확실히 노리고, 지키는 쪽은 상대에게 틈이 보이면 지체 없이 상대를 압박해 들어간다.

제5장

공략법

지금까지 연습한 기술을 발휘하여 더욱 실전에 가까운 공방을 습득하자.
구체적인 예를 근거로 상대의 움직임을 읽고 격자 기회를 빠르게 포착해서 임기응변으로
대응할 수 있도록 연습하자.

메뉴 165 격자 기회

목적: 격자의 좋은 기회를 파악함으로써 검도 실력을 향상시키고 경기에서 승리한다.

움직이려는 순간

▎상대가 움직이려는 순간이나 기술을 펼치려는 순간은 격자하기 좋은 기회가 된다.

동요하는 순간

▎상대가 동요한다는 것은 상대의 자세가 흐트러져, 순간 몸을 움직이지 못하는 상태를 가리킨다.

상대의 공격을 막아낸 순간 / 공격하는 쪽

머리를 받아내면 허리에 빈틈이 생기고, 손목이나 허리를 막으면 머리에 빈틈이 생긴다.

유의점

예부터 검도에는 '허용해서는 안 되는 세 가지 순간'이라는 가르침이 있다. 이는 절호의 격자 기회에 관한 가르침으로써, 이 세 가지 순간을 노려 칠 수 있다면 상대로부터 유효격자를 얻을 수 있다. '허용해서는 안 되는 세 가지 순간'이란, '상대가 움직이려는 순간', '동요하는 순간', '상대의 공격을 막아낸 순간'을 말한다.

먼저 '상대가 움직이려는 순간'은 상대가 동작을 일으키는 순간이나 기술을 펼치려고 하는 순간을 말한다. 나오는 기술은 바로 상대가 움직이려는 순간을 노려 치는 기술이다. 공방을 주고받는 가운데 상대의 움직임과 마음을 잘 읽어 상대가 움직이며 나오는 순간을 놓치지 말고 쳐야 한다.

다음은 '동요하는 순간'이다. 동요한다는 것은 상대의 자세가 흐트러져 일순 움직일 수 없게 된 순간을 말한다. 상대를 동요하게 만들려면 '사계'를 품게 해야 한다. '경(驚, 놀람)', '구(懼, 두려움)', '의(疑, 의심)', '혹(惑, 당황)'의 네 가지의 감정을 품게 되는 순간 마음에 빈틈이 생겨 상대는 동요하게 된다.

마지막은 상대의 공격을 막아낸 순간이다. 검도에는 '현대일치(懸待一致)' 또는 '공방일치(攻防一致)'라는 말이 있는데, 공격과 수비는 표리일체로 이루어져야 한다는 뜻이다. 대응하는 기술은 이 개념을 가장 잘 나타내는 기술이라고 할 수 있다. 상대의 공격을 피하고, 받아내고, 떨쳐 상대의 자세를 흐트러뜨린 뒤 곧바로 치고 나간다. 이때 곧바로 치고 나가는 것이 중요하다. 피하기만 하거나 받아내기만 해서는 상대로부터 한판을 얻을 수 없다. 특히 상대의 머리 기술을 받아내면 허리에 빈틈이 생기고, 손목이나 허리 기술을 받아내면 머리에 빈틈이 생긴다. 상대가 공격을 받아내고서 곧바로 공격에 나서지 않는다면 그때가 바로 자신이 격자할 절호의 기회이다.

상대의 공격을 유도하는 방법 ①

목적 오른발을 움직임으로써 상대의 공격을 유도한 다음 상대가 앞으로 나서는 순간에 친다.

 **유의점**

거리를 좁힐 때는 몸 전체로 움직인다. 상대의 공격을 유도할 때는 왼발을 움직이지 않은 채 오른발을 앞으로 움직인다. 그러면 상대는 거리가 좁혀졌다고 생각해서 선제공격을 하려고 앞으로 나선다.

▌먼 거리에서 자세를 취한다.

▌왼발은 움직이지 않은 채 오른발을 천천히 앞으로 내민다.

▌상대가 먼저 나와 치려는 순간을 노려 기술을 펼친다.

▌반대로 상대의 공격을 막아낼 수 있다.

167 상대의 공격을 유도하는 방법 ②

목적 일부러 틈을 보여 상대의 공격을 유도한 다음 상대가 앞으로 나오는 순간에 친다.

유의점
일부러 격자 부위에 틈을 보여 상대의 공격을 유도한다. 틈을 보여준 격자 부위에 따라 상대가 어떤 기술을 펼칠지 예상할 수 있으므로 쉽게 막아낼 수 있다.

▌칼끝을 낮춰 머리에 빈틈을 보인다.

▌상대가 머리에 생긴 빈틈을 노리며 앞으로 나온다.

▌머리를 막아내고 오른팔을 돌린다.

▌머리받아허리를 친다.

168 상대를 동요하게 만드는 방법 ①

목적 칼끝으로 압박해서 상대를 동요하게 만들고 상대가 흐트러진 자세를 바로잡기 전에 공격한다.

유의점

상대의 죽도를 위에서 눌러 상대의 움직임을 막고 상대가 동요하는 순간에 친다. 죽도를 누를 때는 죽도의 무게를 이용해서 상대 죽도의 위에 태우듯이 한다.

자신의 죽도로 상대의 죽도를 누른다

먼 거리에서 자세를 취한다.

자신의 죽도로 상대 죽도를 누른다.

상대가 동요한다.

상대가 흐트러진 자세를 바로잡기 전에 친다.

상대를 동요하게 만드는 방법②

목적 이어걷기와 몸놀림으로 상대를 동요하게 만들고 상대가 흐트러진 자세를 바로잡기 전에 공격한다.

유의점

단숨에 거리를 좁혀 상대를 당황시킨 다음 상대가 동요하는 순간에 친다. 왼쪽 눈을 찌르듯이 칼끝을 움직이면 상대는 놀람과 두려움을 느껴 동요하게 된다.

이어걷기로 단숨에 거리를 좁힌다

▌오른발을 크게 내딛는다.

▌왼발로 작은 이어걷기를 함으로써 단숨에 거리를 좁힌다.

▌상대가 동요한다.

▌상대가 흐트러진 자세를 바로잡기 전에 친다.

칼끝이 높은 상대에게 한판을 따는 법 ①

목적 〉〉 칼끝이 높은 상대는 죽도를 감아 떨어뜨려 틈을 만든다.

유의점

칼끝이 높은 상대에게는 감는 기술이 효과적이다. 죽도가 위를 향해 높게 뻗어 있으면 죽도와 죽도를 밀착시키는 포인트가 잘 보이기 때문이다. 특히 안쪽으로 감아 떨어뜨리는 기술이 유효하다.

죽도를 감아 떨어뜨린다

▌상대의 칼끝이 높다.

▌상대를 압박하면서 죽도를 밑에서 안쪽으로 돌린다.

▌상대의 죽도를 강하게 감아 떨어뜨린다.

▌상대가 흐트러진 자세를 바로잡기 전에 친다.

칼끝이 높은 상대에게 한판을 따는 법②

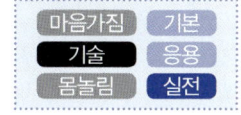

목적 칼끝이 높은 상대는 죽도를 바깥쪽에서부터 제쳐 틈을 만든다.

유의점

칼끝이 높은 상대에게는 바깥쪽에서부터 제치는 기술이 효과적이다. 왜냐하면 상대가 손목을 유도하는 경우가 있기 때문이다. 상대의 유도에 쉽게 넘어가 손목을 치지 말고 상대의 허점을 찔러 바깥쪽에서부터 머리를 쳐보자.

▌상대의 칼끝이 높다.

▌기회를 노려 거리를 좁힌다.

▌죽도를 바깥쪽에서부터 제친다.

▌상대가 흐트러진 자세를 바로잡기 전에 친다.

칼끝이 낮은 상대에게 한판을 따는 법 ①

목적 칼끝이 낮은 상대에게는 죽도를 제쳐 떨어뜨려 틈을 만든다.

유의점

칼끝이 낮은 상대는 종종 머리 공격을 유도한다. 그때는 죽도를 제쳐 떨어뜨리고 손목이나 허리를 맞지 않도록 주의하면서 똑바로 찌르자.

죽도를 제쳐 떨어뜨려 찌르기

▎상대의 칼끝이 낮다.

▎죽도를 위에서부터 제쳐 떨어뜨린다.

▎왼발을 끌어당겨 자세를 갖춘다.

▎똑바로 목을 찌른다.

칼끝이 낮은 상대에게 한판을 따는 법②

목적: 칼끝이 낮은 상대에게는 한 손 기술을 사용해서 한판을 얻는다.

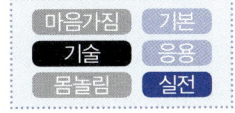

유의점

칼끝이 낮은 상대에게는 한 손 기술이 효과적이다. 특히 한 손 머리는 기습적인 요소를 갖추었기 때문에 상대의 민첩한 반응을 불러일으키기 어렵다. 격자할 때는 칼날을 정확히 하자.

일부러 빈틈을 보인다 / 공격하는 쪽

▎상대의 칼끝이 낮다.

▎왼쪽 앞으로 비스듬히 몸을 움직이면서 거리를 확보한다.

▎죽도를 잡은 오른손을 떼어 허리 부근에 대고 죽도를 들어 올린다.

▎칼날을 바르게 해서 상대의 머리를 친다.

메뉴 174 · 칼끝이 열린 상대에게 한판을 따는 법 ①

목적 › 칼끝이 열린 상대에게는 죽도를 안쪽에서부터 제쳐서 자세를 흐트러뜨린다.

유의점

칼끝이 열린 상대는 머리 공격을 유도할 가능성이 있다. 상대의 허점을 찔러 바깥쪽이 아니라 안쪽에서 죽도를 제쳐 올려 상대가 당황하는 동안 손목을 친다.

죽도를 안쪽에서부터 제친다

▎상대의 칼끝이 열려 있다.

▎상대를 압박하면서 죽도를 밑에서 안쪽으로 돌린다.

▎죽도를 제쳐올린다.

▎칼날을 바르게 해서 손목을 친다.

칼끝이 열린 상대에게 한판을 따는 법②

목적 칼끝이 열린 상대에게는 죽도를 안쪽에서부터 눌러 틈을 만든다.

죽도를 안쪽에서부터 누른다

유의점

머리 공격을 유도하는 상대에게 안쪽에서부터 압박하여 죽도를 누르고 손목을 치려는 움직임을 보여준다. 상대가 손목을 방어하려고 칼끝을 여는 순간에 머리를 친다.

▎상대의 칼끝이 열려 있다.

▎칼끝을 안쪽으로 돌려 상대의 죽도를 오른쪽으로 누른다.

▎상대가 손목을 막으려고 칼끝을 다시 여는 순간에 죽도를 들어 올린다.

▎칼끝을 바깥쪽으로 돌려 머리를 친다.

메뉴 176 압박해 들어가면 칼끝이 올라가는 상대에게 한판을 따는 법

목적: 압박해 들어가면 칼끝이 올라가는 상대에게 한판을 따기 위한 공격법을 연구한다.

유의점

상대가 공격해 들어올 때 칼끝이 올라가는 것은 큰 약점이다. 빠른 발놀림으로 압박해 들어가면 반사적으로 칼끝이 올라가므로 빈틈이 생긴 손목을 친다.

빠르게 압박해서 손목을 친다

▎먼 거리에서 자세를 취한다.

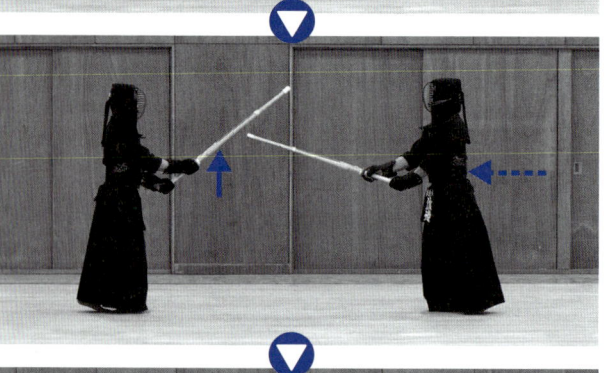

▎빠른 발놀림으로 압박해 들어가면 상대의 칼끝이 올라간다.

▎죽도를 작게 들어 올려 손목을 겨냥한다.

▎칼날을 바르게 해서 정확히 손목을 친다.

메뉴 177 압박해 들어가면 칼끝이 내려가는 상대에게 한판을 따는 법

목적 압박해 들어가면 칼끝이 내려가는 상대에게 한판을 따기 위한 공격법을 연구한다.

📝 유의점

경계심이 강한 상대는 압박해 들어가면 칼끝이 내려간다. 그때는 똑바로 머리를 향해 가지 말고 위에서부터 누르듯이 죽도를 죽인 뒤에 기술을 펼치도록 하자.

▌먼 거리에서 자세를 취한다.

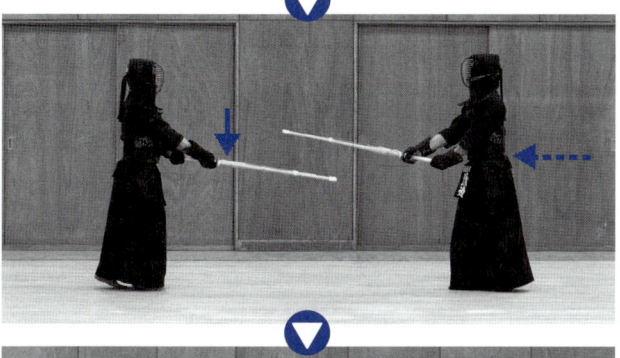

▌공격 거리가 되면 상대가 칼끝을 내린다.

▌죽도를 위에서부터 누른다.

▌왼발을 밀어 차며 머리를 친다.

178 손에 힘이 들어간 상대에게 한판을 따는 법 ①

목적 〉〉 손에 힘이 들어간 상대는 중심을 공격해서 틈을 만든다.

중심을 공격해서 칼끝이 중심에서 벗어나게 한다

손에 힘이 들어간 상대는 칼끝을 건드리면 곧바로 제자리로 돌아가려고 한다. 상대가 제자리로 돌아가기 위해 칼끝을 움직이는 순간을 노려 죽도를 들어 올리면 칼끝이 중심에서 벗어나 틈이 생긴다.

▌먼 거리에서 자세를 취한다.

▌중심을 제압하면서 상대를 압박해 들어간다.

▌상대가 중심을 회복하려고 칼끝을 움직이는 순간에 죽도를 들어 올린다.

▌상대의 칼끝이 중심에서 벗어나 있을 때 손목을 친다.

손에 힘이 들어간 상대에게 한판을 따는 법②

목적 손에 힘이 들어간 상대는 죽도를 가볍게 쳐서 틈을 만든다.

유의점

가볍게 친다는 것은 팔 힘을 이용해서 죽도를 제치는 것이 아니라 손목의 스냅을 이용해 칼끝으로 상대의 죽도를 가볍게 치는 것을 말한다. 상대가 칼끝을 되돌리려고 하는 순간을 노려 손목을 친다.

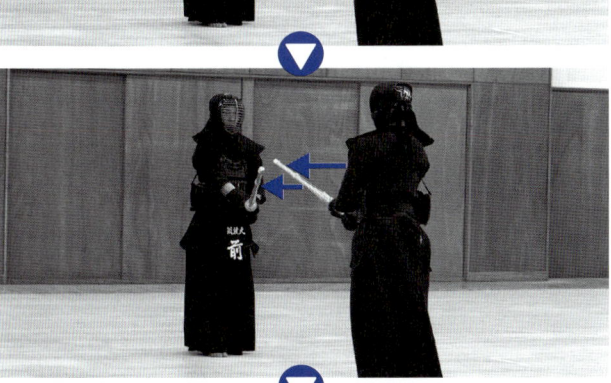

| 일족일도의 거리에서 자세를 취한다.

| 상대의 죽도를 가볍게 친다.

| 상대가 칼끝을 되돌리려고 하는 순간에 죽도를 들어 올린다.

| 상대의 칼끝이 중심에서 벗어나 있을 때 손목을 친다.

메뉴 180 손이 부드러운 상대에게 한판을 따는 법 ①

목적 손이 부드러운 상대는 왼손으로 압박해서 빈틈을 만든다.

유의점

손이 부드러운 상대는 함부로 공격해 들어가면 오히려 틈을 보이기 쉽다. 공격할 때는 왼손을 중심으로, 가능한 한 부드럽게 압박해 들어가 격자로 연결한다.

왼손으로 압박해 들어가 중심을 뺏는다

■ 일족일도의 거리에서 자세를 취한다.

■ 왼손으로 부드럽게 압박해 들어가 중심을 확보한다.

■ 상대의 칼끝이 중심에서 벗어난다.

■ 그대로 머리를 친다.

181 손이 부드러운 상대에게 한판을 따는 법②

목적 손이 부드러운 상대에게는 죽도를 두드려 틈을 만든다.

유의점

상대의 손이 부드럽다고 판단되면 상대의 죽도를 위에서 강하게 두드려 보자. 상대의 칼끝이 중심에서 크게 벗어나기 쉬우므로 상대가 흐트러진 자세를 바로잡기 전에 격자한다.

| 먼 거리에서 자세를 취한다.

| 죽도를 위에서 두드린다.

| 상대의 칼끝이 크게 벗어난다.

| 상대가 흐트러진 자세를 바로잡기 전에 친다.

메뉴 182 발 폭이 넓은 상대에게 한판을 따는 법

목적  발 폭이 넓은 상대는 공격을 유도해서 머리를 친다.

나오는 머리치기를 하도록 유도한다

> **유의점**
>
> 발 폭이 넓은 상대는 나오는 기술이 뛰어난 경향이 있다. 공격을 유도하면 민감하게 반응하므로 일부러 나오는 기술을 펼치도록 유도한 뒤 반대로 이쪽에서 상대보다 먼저 머리를 친다.

▌일족일도의 거리에서 자세를 취한다.

▌상대가 나오는 머리치기를 하도록 유도한다.

▌상대의 움직임을 읽고 머리를 공격한다.

▌상대의 나오는 머리를 친다.

183 발 폭이 좁은 상대에게 한판을 따는 법

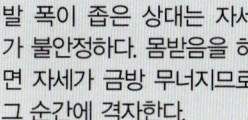

목적 〉 발 폭이 좁은 상대는 몸받음으로 자세를 무너뜨린다.

유의점

발 폭이 좁은 상대는 자세가 불안정하다. 몸받음을 하면 자세가 금방 무너지므로 그 순간에 격자한다.

몸받음으로 자세를 무너뜨린다 / 공격하는 쪽

| 격자한다.

| 격자의 기세를 몰아 상대와 몸받음을 한다.

| 상대의 자세가 무너진다.

| 몰아붙이면서 격자한다.

상단 대응기 ①

목적 상단세를 취하는 상대에게는 왼 손목을 공략해서 틈을 만든다.

유의점

상단을 대할 때는 왼 손목을 공략하는 것이 정석이다. 왼 손목을 공략해서 상대가 맞지 않으려고 왼 손목을 뒤로 빼면 그때 오른 손목이 살짝 앞으로 나오므로 그 부분을 친다.

왼 손목을 공략하고 오른 손목을 친다

▌상대가 좌상단 자세를 취한다.

▌왼 손목을 공략한다.

▌상대가 왼 손목을 뒤로 뺀다.

▌살짝 앞으로 나온 오른 손목을 친다.

메뉴 185 상단 대응기 ②

목적 〉〉 상단세를 취하는 상대에게는 머리를 의식하도록 해서 틈을 만든다.

유의점

머리를 공격하지 않을 것으로 예상하고 있는 상대에게 머리를 칠 것처럼 크게 움직이면 상대는 무심코 손을 들어 올리므로 허리에 빈틈이 생긴다.

▌상대가 좌상단 자세를 취한다.

▌죽도를 크게 들어 올려 머리를 치는 듯한 움직임을 보여준다.

▌상대가 머리를 막으려고 손을 들어 올린다.

▌빈틈이 생긴 허리를 친다.

상단 대응기 ③

목적 상단세를 취하는 상대에게는 찌르기를 의식하도록 해서 틈을 만든다.

유의점

왼 손목과 함께 상단세에 대한 공격의 정석이 한 손 찌르기이다. 한 손 찌르기를 하려는 듯한 움직임을 보여주면 상대의 손이 내려가면서 머리에 빈틈이 생긴다.

▌ 상대가 좌상단 자세를 취한다.

▌ 한 손 찌르기를 하려는 움직임을 보여준다.

▌ 상대가 찌르기를 막으려고 손을 내린다.

▌ 빈틈이 생긴 머리를 친다.

상단 대응기 ④

목적 ▶ 상단세를 취하는 상대의 한 손 머리치기를 피하는 동시에 머리를 친다.

유의점

상단세의 상대는 주로 한 손 손목과 한 손 머리치기로 공격해 온다. 한 손 머리의 기회를 읽어 격자하는 순간 즉시 몸을 움직여 허공을 치게 만들고 빈틈이 생긴 머리를 친다.

몸놀림으로 한 손 머리치기를 피하고 친다

 공격하는 쪽

▌상대가 좌상단 자세를 취한다.

▌한손 머리를 치러 들어온다.

▌벌려걷기로 몸을 오른쪽으로 움직여 허공을 치게 만든다.

▌상대의 정면에서 머리를 친다.

Column About the Kumdo

검도 실력 향상을 위한 칼럼 ③
치고서 반성하고, 맞고서 감사하라

경기나 연습 등에서 상대에게 한판을 따내면 무척 기쁘게 마련이다. 이기게 되면 수련에 대한 의욕도 샘솟고, 나아가서는 검도 실력도 향상된다.
그러나 자신의 실력에 자만하게 되는 순간 성장은 멈춘다. '치고서 반성하고, 맞고서 감사하라'라는 말이 있다. 자신의 기술이 상대를 격자했을 때는 그 기술이 정정당당한 것인지 점검하고, 상대의 기술에 맞았을 때는 자신의 빈틈을 친 상대의 실력을 인정한다. 이러한 마음가짐으로 성실히 수련하자.

검도 실력 향상을 위한 칼럼 ④
이해할 수 없는 승리는 있어도, 이해할 수 없는 패배는 없다

경기에서 지면 '반드시 이길 수 있었는데…', 혹은 '내가 왜 이 정도 실력의 상대에게 졌지?'하는 생각이 드는 경우가 종종 있다. 그러한 상황에 직면했을 때 그 패배를 '우연'으로 생각하는지, '필연'으로 생각하는지에 따라 그 후의 모습이 크게 달라진다.
만약 패배를 우연으로 치부하면 지게 된 이유를 찾아보거나 상대에게 맞은 기술을 연구하지 않을 것이다. 그러나 패배를 필연으로 받아들이면 패배의 원인을 찾아 연구하게 된다. 그러면 검도는 기술적으로나, 정신적으로도 크게 성장할 것이다.
승리에 자만하지 말고 패배를 깨끗이 인정하는 겸허한 마음가짐으로 수련에 정진하자.

제6장

트레이닝

트레이닝이나 스트레칭은 기초 체력과 기술을 향상시키고 부상을 막기 위해 꼭 필요하다. 이 장에서는 최소한으로 필요한 트레이닝과 스트레칭을 소개한다.

몸통을 단련하는 법 ①

목적 〉〉 몸통을 단련해서 검도에 필요한 안정감을 익힌다.

안정화 트레이닝

■ 배를 깔고 엎드린 자세에서 양팔을 바닥에 댄 채 배를 바닥에서 들어 올린다.

■ 바닥에 팔을 댄 채 허리를 들어 올린다.

유의점

안정화 트레이닝은 몸통의 축을 단련하는 데 효과적이다. 몸은 일직선, 시선은 서 있을 때의 상태를 의식하도록 하자. 양쪽 모두 회당 30초~1분 정도 자세를 유지한다.

189 몸통을 단련하는 법 ②

목적 등 근육을 단련해서 검도에 필요한 안정감과 격자감을 익힌다.

배근 트레이닝

▌배를 바닥에 깔고 엎드린 상태에서 오른손과 왼발을 든다.

▼

▌계속해서 왼손과 오른발을 들고, 이를 교대로 반복한다.

유의점

이 트레이닝은 허리에 대한 부담은 줄이면서 등 근육을 단련할 수 있다. 손발을 너무 높이 올리면 허리를 다칠 수 있으므로 조심하자.

 ## 상반신을 단련하는 법①

목적 가슴과 팔의 근육을 단련하여 죽도를 휘두르는 힘을 키우고, 정확한 격자를 할 수 있다.

팔굽혀펴기

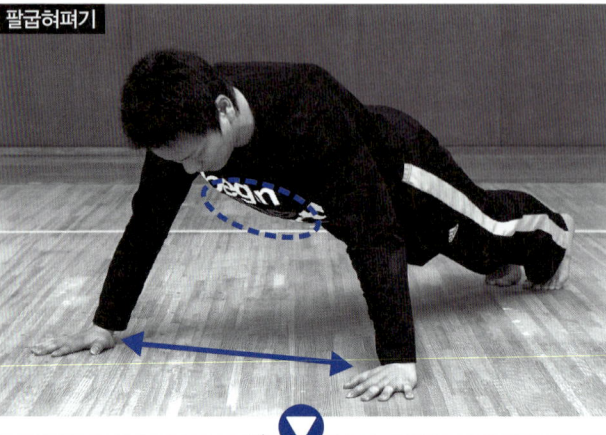

어깨너비보다 넓게 팔을 벌린다.

허리가 올라가지 않도록 주의하면서 팔꿈치를 굽혀 바닥과 평행하게 몸을 내린다.

 유의점

어깨너비보다 넓은 자세로 팔굽혀펴기를 하면 주로 팔근육이 단련된다. 팔의 간격을 좁혀서 하면 팔근육을 더욱 집중적으로 강화할 수 있다.

상반신을 단련하는 법 ②

목적 팔근육을 단련해서 죽도를 빠르게 휘두를 수 있도록 한다.

거꾸로 팔굽혀펴기

▌손으로 의자 끝을 잡고 체중을 싣는다.

▌팔꿈치를 굽혀 팔의 근육만을 이용해서 몸을 아래위로 움직인다.

 **유의점**

어깨부터 팔꿈치에 이르는 상완삼두근은 죽도를 휘두르기 위해 필요한 근육이다. 이 근육을 단련하면 정확하고 날카로운 격자를 할 수 있게 된다.

192 하반신을 단련하는 법①

목적 허벅지와 엉덩이를 단련해서 발구름할 때의 힘을 키운다.

| 허리에 손을 대고 선다.

| 검도의 발구름과 같은 요령으로 오른발을 앞으로 내딛으며 구른다.

| 허리에 손을 대고 선다.

| 검도의 발구름과 같은 요령으로 왼발을 앞으로 내딛으며 구른다.

유의점

검도는 오른손과 오른발을 앞으로 내밀어 자세를 취하기 때문에 오래 계속하면 좌우 근육의 균형이 어긋난다. 왼발 발구름을 해서 좌반신을 강화하여 좌우의 균형을 회복하자.

193 하반신을 단련하는 법 ②

목적 다리 벌려 앉기를 통해 허벅지와 엉덩이 근육 및 고관절의 유연성을 키운다.

다리 벌려 앉기

어깨너비보다 약간 넓게 발을 벌리고 선다.

상반신의 자세를 유지한 채 허리를 내리며 앉는다.

📝 유의점

다리 벌려 앉기는 근육을 강화시키고 고관절의 유연성도 키워준다. 자세가 무너지기 직전까지 허리를 내려앉자.

메뉴 194 — 하반신을 단련하는 법 ③

목적: 종아리를 단련해서 왼발을 밀어 차는 힘과 오른발을 구르는 힘을 키운다.

카프 레이즈

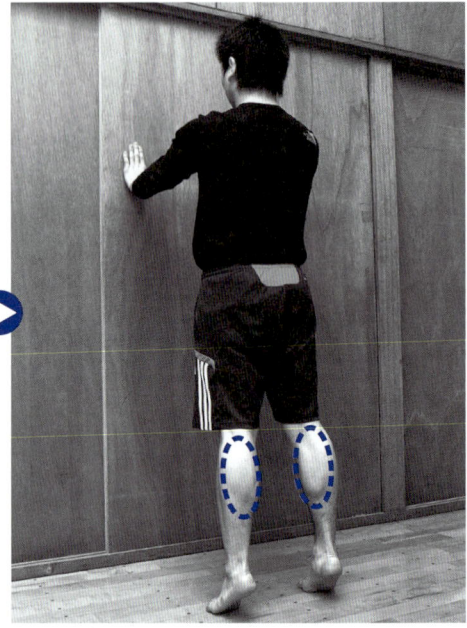

벽에 손을 대고 발을 어깨너비 정도로 벌린 상태에서 발끝과 무릎의 방향을 맞춰 선다.

자세를 유지한 채 무릎을 펴고 발꿈치를 든다.

유의점

카프 레이즈는 무릎을 펴는 패턴과 굽히는 패턴이 있다. 종아리도 무릎을 편 경우에는 비복근, 무릎을 굽힌 경우에는 가자미근을 단련할 수 있다.

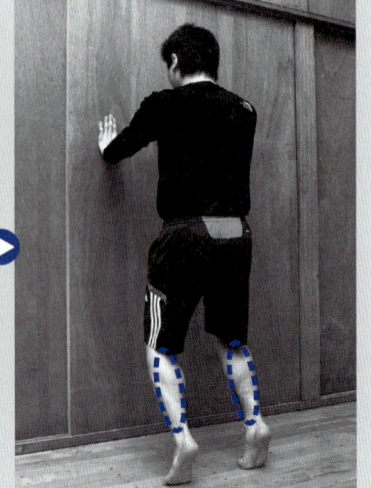

메뉴 195

하반신을 단련하는 법④

마음가짐 | 기본 | 기술 | 응용 | 몸놀림 | 실전

목적 발가락으로 수건을 잡아 발바닥 전체를 단련한다.

수건 잡기

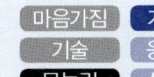

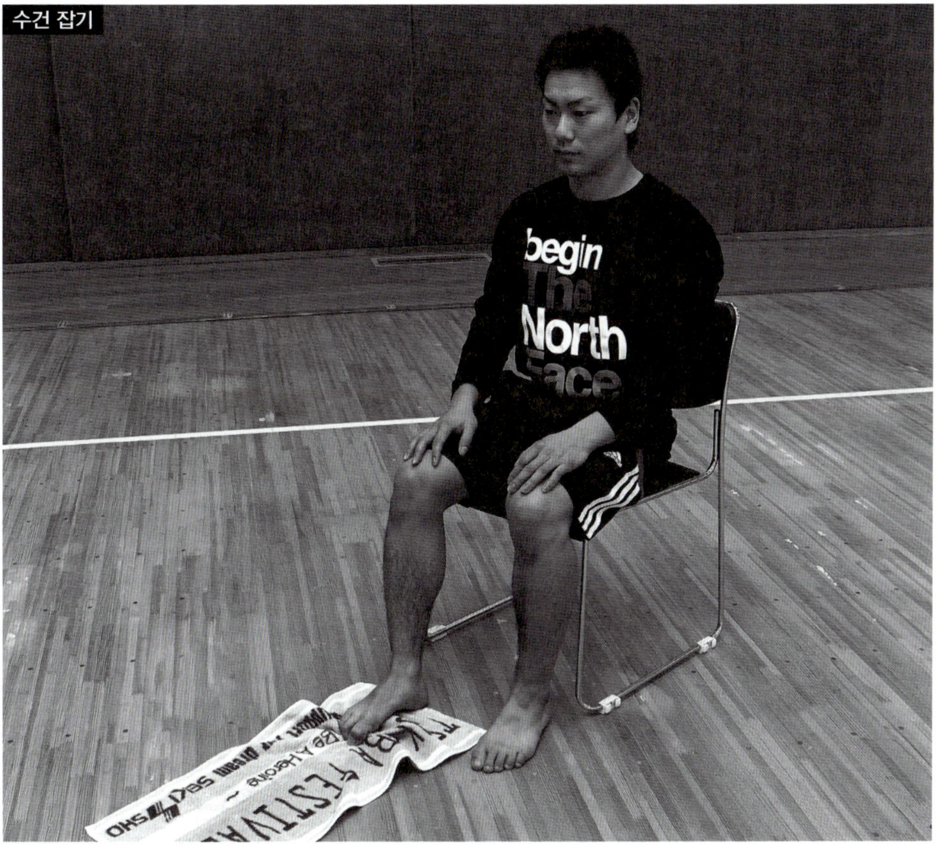

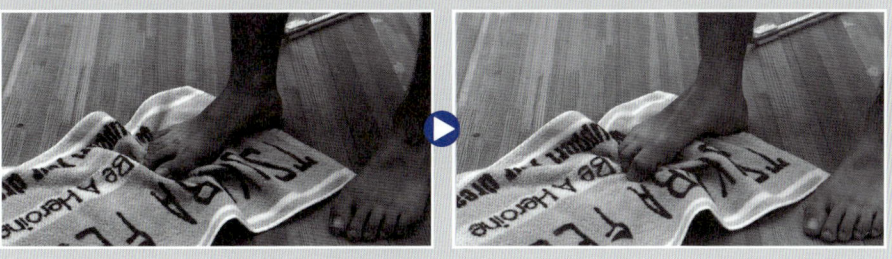

바른 자세로 의자에 앉아 발가락으로 수건을 잡는다.

유의점

검도 수련을 오래 하다 보면 발바닥에 부상을 입기가 쉽다. 이 트레이닝을 통해 발바닥의 장심을 중심으로 발바닥 전체를 단련시킴으로써 부상을 예방할 수 있다.

메뉴 196 균형감을 키우는 법

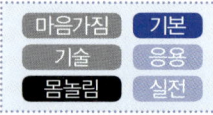

목적 몸의 좌우 균형이 좋아지면 실전에서 민첩하게 움직일 수 있다.

유의점

프론트 런지에서도 설명한 것처럼 검도는 오른손과 오른발을 앞으로 내민 자세이기 때문에 몸의 좌우 균형이 나빠진다. 균형감을 단련하면 상대의 움직임에 민첩하게 대응할 수 있다.

왼발 들기

▌왼발을 들고 오른발로 선다.

▌등이 굽어지지 않도록 의식하면서 왼손을 오른발 끝에 댄다.

오른발 들기

▌오른발을 들고 왼발로 선다.

▌오른손을 왼발 끝에 댄다.

메뉴 197 순발력을 키우는 법

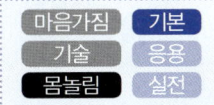

목적 순발력을 키워서 상대의 빠른 움직임에 대응할 수 있도록 한다.

유의점

검도가 상대의 빈틈을 노려 공격하는 경기라고는 하나 그 빈틈은 순식간에 나타났다가 사라진다. 순발력을 키우면 상대의 순간적인 움직임에도 곧바로 대응할 수 있다.

두 사람이 한 조가 되어 거리를 두고 마주선다.

한 사람이 동작을 한다.

다른 사람은 상대의 동작에 재빨리 반응하며 상대와 똑같은 동작을 한다.

전완부 스트레칭

목적 전완부를 늘려 팔꿈치와 손목의 부상을 예방한다.

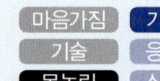

▎손바닥을 구부려 근육(굴근군)을 늘린다.

▎손등을 구부려 근육(신근군)을 늘린다.

유의점

검도에서는 팔꿈치와 손목 부상이 잦은 편인데 이는 준비운동과 정리운동을 게을리한 결과이기도 하다. 부상을 예방하기 위해서라도 전완부 스트레칭은 반드시 실시하도록 하자.

199 아킬레스건 스트레칭

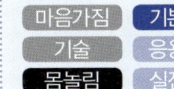

 아킬레스건과 종아리의 스트레칭을 통해 아킬레스건과 근육의 파열을 예방한다.

비복근 늘리기

▌벽에 손을 대고 발끝과 무릎의 방향을 맞춘다.

▌체중을 앞쪽에 실어 비복근을 늘린다.

가자미근 늘리기

▌한쪽 무릎을 꿇고 체중을 앞쪽에 싣는다. 발뒤꿈치를 들지 않으면 가자미근이 늘어난다.

유의점

아킬레스건 파열은 검도를 하면서 입는 부상 중 가장 심각한 것이다. 수련 전후에는 반드시 아킬레스건 스트레칭을 통해 부상을 막도록 하자.

 ## 셀프 마사지

목적 〉 발바닥을 풀어 발구름 등에서 발생하는 부상을 예방한다.

| 바른 자세로 의자에 앉아 발바닥으로 공이나 병을 굴린다.

유의점

검도는 맨발로 하는 운동이기 때문에 발바닥 굴곡의 침하(근막의 염증)가 일어날 수 있다. 발바닥의 부상은 수련에 직접적인 영향을 미치므로 확실히 풀어주도록 하자.

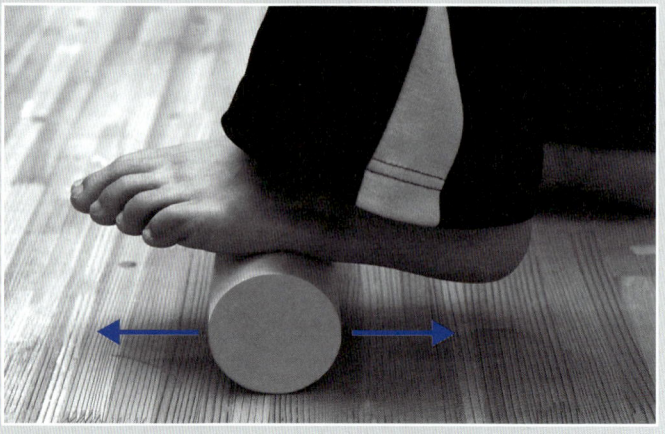

제7장
경기 규칙

경기는 평소 수련에서 습득한 기술과 힘을 충분히 발휘하여 자신의 실력을 확인하기 위한 것이다. 경기의 규칙을 바르게 이해함으로써 검도를 향한 새로운 의욕을 불러일으키자.

죽도의 명칭

죽도는 검도에서 가장 상징적인 도구이다.
수련에 앞서 죽도를 점검하는 습관을 붙여 안전을 확인한 후
사용하도록 하자.

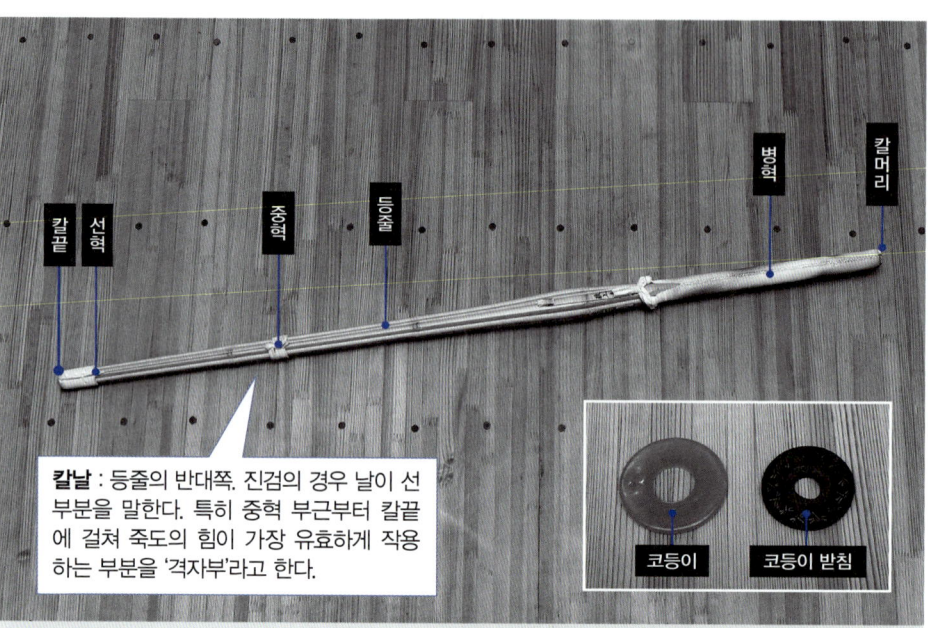

칼날 : 등줄의 반대쪽. 진검의 경우 날이 선 부분을 말한다. 특히 중혁 부근부터 칼끝에 걸쳐 죽도의 힘이 가장 유효하게 작용하는 부분을 '격자부'라고 한다.

◎ 죽도의 기준

	길이	무게	선혁직경
중학생	114cm 이하 (남녀 공통)	남 440g 이상 / 여 400g 이상	남 25mm 이상 / 여 24mm 이상
고등학생 (해당 연령 포함)	117cm 이하 (남녀 공통)	남 480g 이상 / 여 420g 이상	남 26mm 이상 / 여 25mm 이상
대학생·일반	120cm 이하 (남녀 공통)	남 510g 이상 / 여 440g 이상	남 26mm 이상 / 여 25mm 이상

호구의 명칭

호구는 호면, 호완, 갑, 갑상 네 부분으로 나뉘어 있다.
호구의 파손은 큰 사고로 이어질 수 있으므로
평소 점검을 게을리하지 말자.

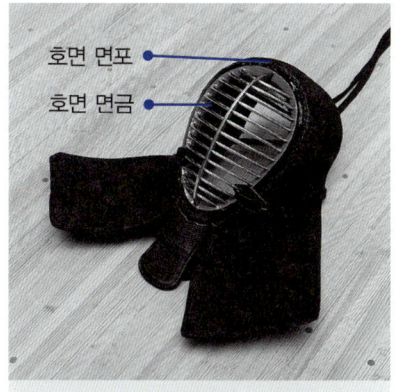

호면 면포
호면 면금

호면 호면은 면금이 시선을 가리지 않고, 크기가 적합한 것을 사용한다.

호완 끈
호완 바닥

호완 호완이 너무 작으면 손바닥에 나쁜 영향을 미친다.

갑 갑은 너무 작으면 몸을 보호하지 못하고, 너무 크면 기능 면에서 문제가 발생한다.

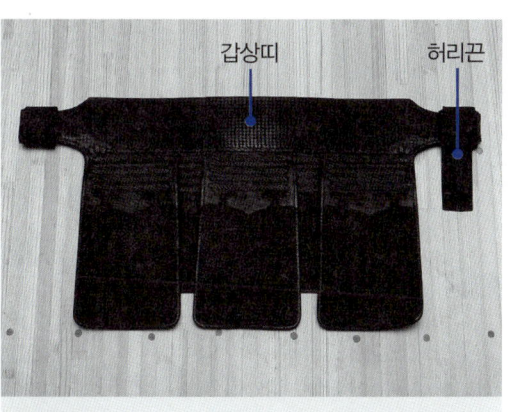

갑상띠
허리끈

갑상 갑상은 갑상띠와 허리끈을 부드럽게 해 놓으면 착용하기 쉽다.

경기 규칙

경기 시간과 승패

경기 시간은 5분이 기준이고, 연장전은 3분을 기준으로 한다. 승패는 삼 판 승부가 원칙이며, 경기 시간 내에 유효격자를 두 판 먼저 얻은 자가 승리한다. 한쪽이 한판을 얻은 뒤 그대로 경기 시간이 종료하는 경우에는 한판 승리가 된다. 경기 시간 내에 승패가 정해지지 않는 경우에는 연장전을 실시하고, 먼저 한판을 얻은 자가 승리한다. 또한 판정으로 승패를 정하거나 혹은 무승부가 되는 경우도 있다.

단체 경기의 승패를 결정하는 방법에는 '승자수법(勝者數法, 승자의 수에 따라 단체의 승패를 결정하고 승자의 수가 같을 때는 전체 점수가 많은 쪽을, 전체 점수가 동일한 때는 대표자전으로 승패를 결정하는 방법)'과 '연승법(連勝法, 승자가 계속해서 경기를 해서 단체의 승패를 가리는 방법)이 있다. 그 밖에 각 대회에서 정하는 방법에 따라 승패를 결정할 수 있다.

유효격자

한판의 판정

유효격자(한판)는 충실한 기세, 적정한 자세에서 죽도의 격자부로 격자 부위를 칼날을 바르게 하여 격자하고 존심을 나타내야 한다고 규정되어 있다.
선수가 부적절한 행동을 하면 주심이 유효격자를 선언한 후라도 한판이 취소될 수 있다.

경기장

경기장의 구획

경기장 바닥은 마룻바닥이 원칙이며, 경계선을 포함한 한 변의 길이는 9m 혹은 11m의 정방형 또는 장방형으로 한다. 또한 경계선에서 1.5m 이상의 여유를 두고 설치해야 한다. 경기장의 중심에는 × 표시를 하고, 개시선은 중심으로부터 균등한 위치(거리)에 좌우 한 개씩 표시한다. 각 선은 폭 5~10cm로 하며, 백색 선을 원칙으로 한다.

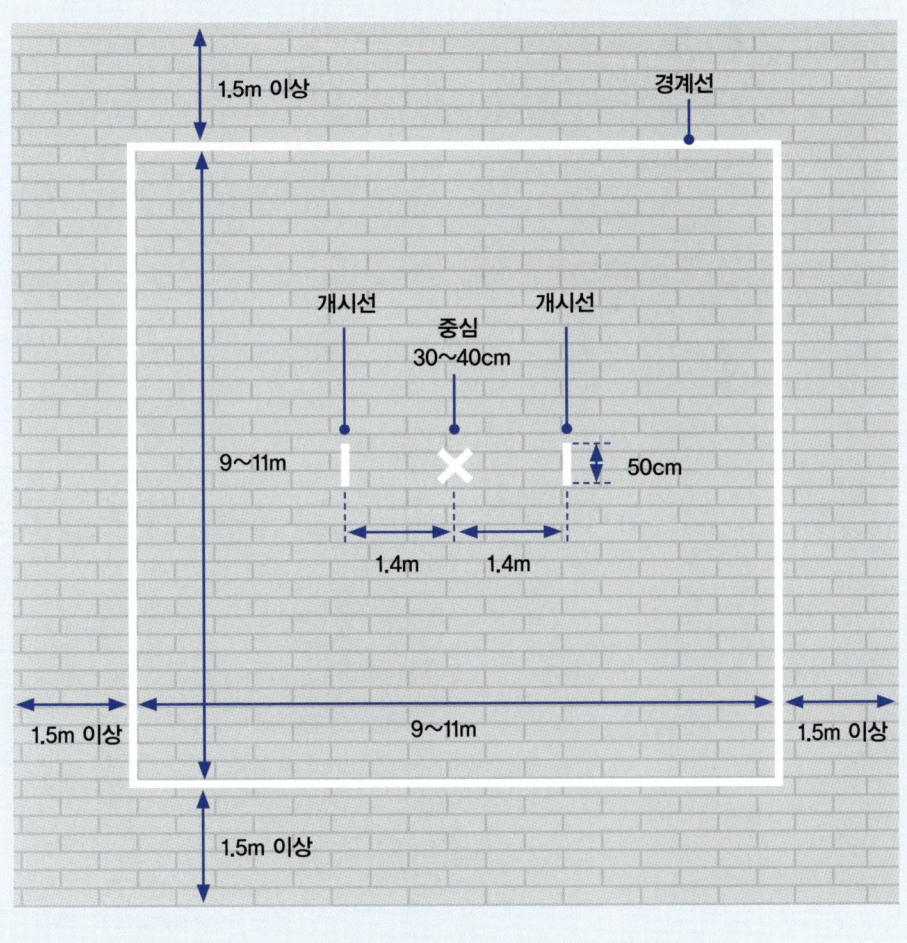

금지 행위와 반칙

금지 행위

◎ 금지 약물을 사용하거나 소지하는 것
◎ 심판원 또는 상대에게 무례한 언동을 하는 것
◎ 정해진 것 외의 용구(부정 용구)를 사용하는 것

※ 금지 행위를 한 자는 상대에게 두 판을 주어 패하게 된다.

반칙

❶ 상대의 발을 걸거나 차는 행위
❷ 상대를 부당하게 장외로 밀어내는 행위
❸ 경기 중에 장외로 나가는 행위
❹ 자신의 죽도를 떨어뜨리는 행위
❺ 죽도의 칼날 부위를 잡는 행위
❻ 부당한 중지 요청을 하는 행위
❼ 상대를 껴안는 행위

※ 반칙을 두 번 하게 되면 상대에게 한판이 주어진다. 다만, 동시 반칙으로 양자가 패하게 될 때는 상쇄하여 반칙을 없던 것으로 한다.

❶ 상대의 발을 걸거나 찬다.

고의로 상대의 발을 걸거나 발을 차서 쓰러뜨리려 하면 반칙이다.

❷ 상대를 부당하게 장외로 밀어낸다.

상대를 밀거나 혹은 죽도로 찔러 부당하게 장외로 밀어내면 반칙이다. 다만, 격자 후 몸받음하는 과정에서 상대가 장외로 나가면 반칙이 아니다.

❸ 경기 중에 장외로 나간다.

자신의 한 발이 경계선을 완전히 벗어나면 반칙이다. 발의 일부가 경계선에 걸쳐 있으면 반칙이 아니다.

❹ 자신의 죽도를 떨어뜨린다.

죽도를 바닥에 떨어뜨리는 등 죽도를 양손에서 놓치면 반칙이다.

❺ 죽도의 칼날부를 잡는다.

경기 중, 상대 또는 자기 죽도의 칼날 부위를 잡으면 반칙이다. 중혁이나 선혁을 고치고자 할 때는 반드시 심판에게 중지를 요청한다.

❻ 부당한 중지 요청을 한다.

이유 없이 중지를 요청해서 경기를 지연시키거나 자신이 불리한 상황에서 고의로 중지를 요청하면 반칙이다.

❼ 상대를 껴안는다.

상대의 머리를 감싸듯이 껴안아 몸을 움직이지 못하도록 하면 반칙이다.

코등이싸움의 반칙

❶ 코등이와 코등이가 싸우고 있지 않다.

코등이싸움은 서로의 코등이가 붙어 있어야 한다. 코등이가 아닌 손이 부딪혀 싸우면 반칙이다.

❷ 역교차 상태이다.

자신의 죽도를 안쪽으로 돌려(역교차) 상대의 죽도를 장시간 누르는 듯한 행위는 반칙이다.

❸ 위에서 누른다.

코등이싸움의 상태에서 자신의 죽도로 위에서 눌러 상대의 죽도를 움직이지 못하도록 하면 반칙이다.

❹ 뒤로 팅긴다.

상대의 죽도를 안쪽으로 걸어서 뒤쪽으로 팅겨 움직일 수 없도록 하는 행위는 반칙이다.

칭호와 단

검도에서는 초단~8단까지의 단과 연사·교사·범사의 칭호가 있다.
초단부터 단 심사를 거쳐 승단하며 칭호와 단에서 최고 지위는 범사로 정해져 있다.

단	승단 신청 자격	부여 기준
초단	1급을 취득한 자로 3개월 이상 수련한 만 13세	검도의 기본을 습득하고, 기량이 우수한 자
2단	초단을 취득한 자로 1년 이상 수련한 자	검도의 기본을 습득하고, 기량이 양호한 자
3단	2단을 취득한 자로 2년 이상 수련한 자	검도의 기본을 수련하고, 기량이 우수한 자
4단	3단을 취득한 자로 3년 이상 수련한 자	검도의 기본과 응용을 습득하고, 기량이 우량한 자
5단	4단을 취득한 자로 4년 이상 수련한 자	검도의 기본과 응용에 정통하고, 기량이 뛰어난 자
6단	5단을 취득한 자로 5년 이상 수련한 자	검도의 자세와 의의에 통달하고, 기량이 우수한 자
7단	6단을 취득한 자로 6년 이상 수련한 자	검도의 자세와 의의에 정통하고, 기량이 매우 우수한 자
8단	7단을 취득한 후, 10년 이상 수련하고, 만 48세 이상인 자	검도의 깊은 뜻을 알고, 성숙하며 기량이 원숙한 자

칭호	심사 신청 자격	부여 기준
연사	5단 취득 후, 만 3년 이상인 자	검도 기능이 우수하고, 품행이 방정한 자
교사	5단 연사의 경우 연사 칭호 수령 후, 만 7년 이상인 자. 6단 연사의 경우 6단 취득 후, 만 4년 이상인 자	연사로서의 수련을 쌓아 인격과 기능이 지도자의 위치에 이르고, 검도의 보급 발전에 기여한 자
범사	교사 칭호 수령 후, 만 10년 이상. 연령 만 55세 이상인 자	교사로서 인격이 고매하고 검의 이(理)와 기(技)에 정통하며 검도 발전에 크게 공헌하여, 모든 검도인의 모범이 되는 자

◎ 검도 용어 (가나다 순)

가까운 거리
'일족일도'의 거리보다 가까운 거리. 자신의 격자가 상대에게 쉽게 닿는 대신 상대의 공격도 쉽게 닿는 거리.

감기
상대 죽도의 코등이 부근에 죽도를 밀착시켜 작게 원을 그리듯이 힘을 작용시켜 상대 죽도의 움직임을 막는 동작. 상대 죽도를 감아 위 방향으로 튕겨 올리는 것을 '감아올리기', 감아서 아래 방향으로 떨어뜨리는 것을 '감아 떨어뜨리기'라고 한다.

거리
상대와의 공간 거리.

검도복 하의
허리에서 발까지 덮는 주름 잡힌 바지. 검도 경기, 심판 규칙 및 세칙에서는 검도복 하의를 입도록 규정하고 있다.

격자 부위
정확히 격자했을 때, 한판이 되는 부위. 머리부, 손목부, 허리부, 목 부위가 있다.

공격 기술
상대보다 먼저 공격하는 기술의 총칭으로 한판을 따는 기술, 연속 기술, 제치는 기술, 감는 기술, 나오는 기술, 퇴격 기술, 어깨메어치기 기술, 한손 기술, 상단 기술 등이 있다.

기검체 일치
주로 격자 동작의 가르침으로, '기(氣)'란 정신과 몸의 힘, '검(劍)'이란 죽도 조작, '체(體)'란 몸놀림과 자세를 가리킨다. 이들이 조화를 이루어 일체가 되어 움직일 때 유효격자가 성립된다.

대도(帶刀, 허리칼)
죽도나 목검을 왼 허리에 찬 상태.

대응하는 기술
상대의 공격에 대해 죽도와 몸을 이용해서 상대의 기술을 막고, 틈을 노려 반격해서 격자하는 기술의 총칭. 스쳐올리는 기술, 받아치는 기술, 쳐서 떨어뜨리는 기술 등이 있다.

돌리기
죽도를 안쪽에서 바깥쪽으로, 또는 바깥쪽에서 안쪽으로 조작하는 동작.

동요(動搖)
어떤 것에 마음을 빼앗겨 상대의 움직임이나 빈 틈을 찾지 못한 채 충분한 힘을 발휘할 수 없는 상태. 상대에게 움직임과 공격, 수비에서 주도권을 빼앗겨 생각대로 움직이지 못하는 것. 일순간 방심한 탓에 자신의 움직임에 제약이 생겨 움직임이 멈춘 상태.

먼 거리
'일족일도'의 거리보다 먼 거리. 상대의 공격이 잘 닿지 않는 반면 자신의 공격도 닿지 않는 거리.

몸놀림
상대의 움직임을 피하기 위해 발을 움직여 몸의 위치와 방향을 바꾸는 것.

몸받음
격자 후의 기세를 몰아 몸 전체로 상대와 격렬히 부딪히는 것.

밀어걷기
모든 방향으로 빠르게 움직일 경우나 격자할 때 사용하는 발 운용법으로 검도에서 가장 많이 사용된다.

바깥쪽
중단 자세를 취했을 때 자기 죽도의 오른쪽.

박자
죽도나 몸놀림 등의 흐름이나 리듬.

받아주는 쪽
상급자로서 기본 연습, 연공 연습, 자유 연습 등을 하는 자의 연공을 받아주는 사람.

받아치는 기술
몸을 움직이면서 자신의 죽도로 상대의 격자를 받아내고, 손을 돌려 받아낸 쪽의 반대편을 치는 기술.

발 운용법
상대를 공격하거나 상대의 공격을 피하기 위한 발의 움직임. 검도의 기본이 되는 밀어걷기 외에 보통걷기, 벌려걷기, 이어걷기 네 동작이 있으며, 모두 스쳐걷기 한다.

발구름・발구름 동작
격자할 때 안정된 자세로 이동하기 위해 왼발(뒷발)로 강하게 밀어차고, 오른발(앞발)로 강하게 바닥을 구르는 행동. 발바닥 전체로 바닥 면을 강하게 구르는 것을 '발구름'이라 한다. 그 후 뒷발을 앞발 쪽으로 재빨리 끌어당기고 '밀어걷기'로 몸을 앞쪽으로 이동시키기를 '발구름 동작'이라고 한다.

벌려걷기
몸을 움직여 격자하거나 대응 기술을 펼칠 때 이용하는 발 운용법.

보통걷기
발 운용법의 하나. 평소의 보행법으로 바닥을 스치듯이 걷는다. 먼 거리에서 빠르게 이동하는 경우에 사용한다.

비켜치기
상대가 치고 들어올 때 몸을 피해서 상대가 허공을 치게 하고 그때 생긴 빈틈을 공격하는 기술.

상호 연습
역량이 비슷한 이들 간의 수련. 또한 비록 실력에 차이가 있어도 대등한 마음으로 실시하는 수련.

선제공격
상대의 공격을 사전에 막고 기술을 걸어 공격하는 것.

스쳐올리기
격자하는 상대의 죽도를 자신의 죽도로 아래에서 위로 강하게 원을 그리듯이 칼끝을 접촉시키면서 스쳐올려 상대의 격자를 무효화시킨다. 자기 죽도의 왼쪽 면으로 스쳐올리는 방법과 오른쪽 면으로 스쳐올리는 방법이 있다.

안쪽
중단 자세를 취했을 때 자기 죽도의 왼쪽.

앉은 자세
오른발을 약간 앞으로 내밀고 발가락 끝으로 서서 양 무릎을 좌우로 벌려 굽히고 상체를 편 상태에서 허리를 낮춰 앉은 자세.

약속 연습
상급자가 만들어주는 격자 기회를 노려 치는, 격자의 기본적인 수련법. '격자대'를 이용하는 수련법도 있다.

양손
좌우 양손. 죽도를 한 손이 아니라 양손으로 잡고 조작하는 것.

연격
정면 머리치기와 몸받음, 연속 좌우 머리치기를 조합한 기본 동작의 종합적인 수련법으로, 초보자와 숙련자 모두 반드시 해야 한다.

연공 연습
받아주는 쪽이 공격을 피하거나 공격을 당할 것을 일체 염두에 두지 않고 습득한 모든 기술을 구사해서 일사불란하게 공격하는 수련법. 단시간에 충실한 기력과 모든 체력을 쏟아 붓고 온몸을 사용해서 공격한다.

움직이다
자신에게 유리한 상태, 위치, 방향을 유지하기 위해 상대에 대응해서 몸과 죽도를 움직이는 것.

움직임을 일으키는 순간
공격하려는 의도가 동작으로 나타나는 순간.

이어걷기
기본적인 발 운용법의 하나로써 주로 먼 거리에서 칠 경우에 이용한다. 왼발을 오른발 가까이 끌어당기고 즉시 오른발로 크게 구르는 발 운용법으로 앞쪽으로 이동할 때만 사용한다.

일족일도(一足一刀)의 거리
경기나 연습에서 자신과 상대 사이의 거리. 일보 전진하면 격자가 가능하고, 일 보 물러서면 상대의 공격을 피할 수 있는 검도의 기본적인 거리.

자연체(自然體)
검도 자세의 토대가 되는 자세로써, 자연스럽고 안정감 있는 자세.

자유 연습
기술을 연마하고, 기세를 키우고, 결점을 보완하기 위해 노력해서 실력을 키우는 종합적인 수련법.

제도(提刀, 든칼)
선 자세에서 죽도는 왼손, 진검이나 목검은 오른손에 잡고 몸 옆으로 팔을 내린 자세. 죽도는 등줄을 아래로 해서 자연스럽게 내리고, 진검이나 목검의 경우에는 칼날을 위로 한다. 엄지손가락을 코등이에 걸치지 않고 코등이 아래를 잡는다.

제치기
상대의 죽도를 자신의 죽도로 오른쪽에서 왼쪽 혹은 왼쪽에서 오른쪽 등의 방향으로 순간적으로 힘을 가해 상대의 칼끝을 중심에서 벗어나게 하는 동작.

존심(存心)
격자 후에도 방심하지 않고 상대의 어떤 반격에도 즉시 대응할 수 있는 몸가짐과 마음가짐을 나타내는 것.

중심(中心)
검도에서는 미간, 목, 명치 등이 있는 정 가운데 선을 가리킨다.

첫 칼
최초로 치는 격자. 검도 경기나 연습에서 최초의 격자.

칼끝
죽도의 앞쪽 끝 부분.

칼날
칼날의 방향. 죽도나 진검을 휘두르는 방향과 칼날의 방향이 일치하는 것을 두고 '칼날이 뻗어 있다'라고 말한다.

코등이
진검이나 죽도의 병혁과 칼날부의 경계에 끼워 병혁을 잡는 손을 보호하는 것.

코등이싸움
상대에게 가까이 접근한 거리에서 양자 모두 죽도를 약간 오른쪽으로 비스듬히 기울여 서로의 코등이가 부딪힌 상태에서 상대의 손을 압박하여 자세를 무너뜨리려는 상태.

평생 검도와 함께하기

검도에서는 '평생 검도'라는 말을 자주 한다. 어린이부터 노인에 이르기까지 모두가 즐길 수 있는 무도, 이것이 검도의 본질이다.

경기에서 이기려는 마음은 중요하다. 강해지고 싶고, 잘하고 싶기 때문에 평소 긴장을 늦추지 않고 수련한다. 그러나 그저 강해지고 싶다는 마음만 갖고 검도 수련에 임한다면 검도의 위대함을 절반도 깨우치지 못할 것이다.

검도를 배우면 생활이 풍요로워진다. 검도인의 정신이 일상생활에까지 연결되는 것이 검도를 배우는 큰 목적이다. 한 가지 일에 몰두하는 집중력, 힘든 수련을 거쳐 키우는 인내심, 예의범절과 도구를 소중히 하는 마음 등 검도에는 기술 수련 외에도 배워야 할 것이 많다. 그리고 그 모든 것이 자신의 삶으로 이어진다. 검도 수련의 장은 도장만이 아니다. 집과 학교, 직장 등 모든 생활환경이 배움의 장이 되며, 이러한 '생활 속 검도'를 실천하는 것이 검도 실력 향상의

마치면서

최고 비결이다.
오랜 검도 수련 과정에는 당연히 힘들고 괴로운 과정이 있기 마련이다. 어쩌면 온통 힘든 일, 괴로운 일 뿐이라고 해도 과언이 아니다. 그러나 그 괴로움 끝에는 검도를 배우는 기쁨이 기다리고 있다. 부디 평생에 걸쳐 검도를 계속함으로써 칼을 배우고 무도를 익히는 즐거움을 조금이라도 알게 되기를 바란다.

쓰쿠바대학 교수 · 교사 8단
고다 구니히데

New 검도교본

1판 8쇄 | 2025년 4월 28일
감 수 자 | 고다 구니히데 · 정성대
옮 긴 이 | 이민영
발 행 인 | 김인태
발 행 처 | 삼호미디어
등   록 | 1993년 10월 12일 제21-494호
주   소 | 서울특별시 서초구 강남대로 545-21 거림빌딩 4층
           www.samhomedia.com
전   화 | (02)544-9456(영업부) / (02)544-9457(편집기획부)
팩   스 | (02)512-3593

ISBN 978-89-7849-524-0 (13690)

Copyright 2015 by SAMHO MEDIA PUBLISHING CO.

출판사의 허락 없이 무단 복제와 무단 전재를 금합니다.
잘못된 책은 구입처에서 교환해 드립니다.